C.H.BECK  WISSEN

AF198001

Die Große Proletarische Kulturrevolution (1966–1976) fasziniert die Nachwelt noch immer, auch fünfzig Jahre nach ihrem Ausbruch. Der Versuch des Parteivorsitzenden Mao Zedong, die Wiederkehr kapitalistischen Denkens und Wirtschaftens in der Volksrepublik China dauerhaft zu verhindern, markiert bis heute eine bedeutende Ausnahme nicht nur in der chinesischen Geschichte, sondern auch in der Globalgeschichte des Kommunismus. Kein anderer Parteiführer mobilisierte Teile der Bevölkerung gegen das Parteiestablishment und nahm bürgerkriegsähnliche Zustände und Anarchie willentlich in Kauf. Als das Experiment nicht die gewünschten Resultate zeitigte, hatte der «Große Vorsitzende» allerdings auch keine Skrupel, mit Hilfe des Militärs eine brutale Willkürherrschaft durchzusetzen, die Millionen Opfer forderte. Das vorliegende Buch bietet einen anschaulichen Überblick über Ursachen, Verlauf und Folgen der Kulturrevolution.

Daniel Leese lehrt Sinologie mit dem Schwerpunkt «Geschichte und Politik des Modernen China» an der Albert-Ludwigs-Universität Freiburg.

Daniel Leese

DIE CHINESISCHE KULTURREVOLUTION 1966–1976

Verlag C.H.Beck

Mit einer Karte (© Peter Palm, Berlin)

Originalausgabe
© Verlag C.H.Beck oHG, München 2016
Gesamtherstellung: Druckerei C.H.Beck, Nördlingen
Umschlagentwurf: Uwe Göbel, München
Umschlagabbildung: Junge Rote Garden, in der Hand
die «Mao-Bibel», Abbildung auf dem Umschlag eines Schulbuchs,
Guangxi 1971/Villa Giulia
Printed in Germany
ISBN 978 3 406 68839 3

www.chbeck.de

Inhalt

Wissenschaftliche Anmerkungen zum vorliegenden Buch finden sich auf der Verlagshomepage unter www.chbeck.de/go/Leese-Chinesische Kulturrevolution sowie auf der Homepage des Autors an der Universität Freiburg.

I. Vexierbild Kulturrevolution

Wie kein anderes Ereignis in der Geschichte der Volksrepublik China symbolisiert die «Große Proletarische Kulturrevolution» einen Kontinuitätsbruch, dessen Auswirkungen die Kommunistische Partei Chinas und die chinesische Gesellschaft bis heute prägen. Ohne den radikalen Versuch des Parteivorsitzenden Mao Zedong, sein revolutionäres Erbe ohne Rücksicht auf Opfer oder Loyalitäten durch einen Angriff auf Parteibürokratie und Überreste traditioneller Kultur zu sichern, wäre die breite Unterstützung für Deng Xiaopings Reformpolitik nach 1978 kaum denkbar gewesen. Gleichzeitig übte kein anderes Ereignis der jüngeren chinesischen Geschichte zeitgenössisch eine solche Faszination aus, nicht nur auf die chinesische Jugend, sondern auch auf Teile der internationalen Öffentlichkeit. Die Propagierung einer von jugendlichen Rotgardisten getragenen Revolution, der Kult um Schriften und Person Mao Zedongs sowie die Aussicht der Errichtung einer egalitären Gesellschaftsordnung fanden auf unterschiedlichste Weise Anklang bei radikalen Gruppierungen, sowohl in westlichen Metropolen als auch bei Guerillakämpfern von Nepal bis Peru. Die Anziehungskraft hatte dabei oft weniger mit den realen Ereignissen der Kulturrevolution in China zu tun als mit den Assoziationen, welche die Bilder und die oftmals kryptischen politischen Mitteilungen, die von der Parteiführung in Publikationen wie der *Peking Rundschau*, *China im Aufbau* oder *China im Bild* verbreitet wurden, in ihrer jeweils spezifischen Übertragung auf andere Kontexte hervorriefen.

Auch fünfzig Jahre nach ihrem Ausbruch besteht ein andauernder Dissens über die historische Bedeutung der Kulturrevolution. Die konkurrierenden Deutungen reichen in ihren Extremen von einer Charakterisierung der Bewegung als Holocaust bis hin zu einer Verteidigung der Kulturrevolution als letztem, wenngleich gescheiterten Versuch der Errichtung einer gerechten sozialistischen Gesellschaftsordnung jenseits der totalitären Parteidiktatur. Für die Partei stellt die Kulturrevolution noch immer das größte Trauma der Parteigeschichte dar. Offiziell als tragische Verfehlung eines großen Parteiführers deklariert, der die Einheit von Volk und Partei durch seine zunehmend radikalisierte Klassenkampfdoktrin beinahe zerstört habe, liegt die tiefere Furcht in der kulturrevolutionären Kritik an der Parteibürokratie begründet. Gestützt auf einen überbordenden Personenkult, war die Frühphase der Kulturrevolution gekennzeichnet durch eine direkte Mobilisierung des Volkes jenseits der Massenorganisationen, welche die kommunistische Parteipolitik gemäß der Lenin'schen Diktion als «Transmissionsriemen» kontrolliert in der Gesellschaft verankern sollten. Das Konzept der Kulturrevolution stellte, zumindest in der Anfangsphase der Bewegung, die Grundlagen der Parteiherrschaft infrage. Die Furcht vor alternativen Ordnungsentwürfen und charismatischen Führern sitzt bis heute tief. Im März 2012 warnte der damalige Ministerpräsident Wen Jiabao in Anbetracht des Wiederauflebens eines Personenkults um den später verhafteten, aus der Partei ausgeschlossenen und zu lebenslanger Haft verurteilten Parteisekretär der südwestchinesischen Metropole Chongqing, Bo Xilai, vor einer möglichen Wiederkehr kulturrevolutionärer Zustände in China. Das Schreckensszenario eines durch öffentliche Empörung getragenen populären Führers, der die Partei spalten und die Volksrepublik in einen Strudel chaotischer Konflikte reißen könnte, bildet den Hintergrund, vor dem die Partei die Notwendigkeit kollektiver Führung zur Aufrechterhaltung ihrer diktatorischen Ordnungsfunktion legitimiert. Auch die Gefahr eines neuen Bürgerkriegs mit einhergehendem staatlichem Zerfall wird als Menetekel an die Wand gezeichnet.

Kontroversen und staatliche Zensur

Die Debatten über die Bedeutung der Kulturrevolution gehen in vielen Fällen von widersprüchlichen Annahmen darüber aus, was während dieser Jahre wirklich geschah, und die Kommunistische Partei hat wenig zu einer öffentlichen Klärung der historischen Ereignisse beigetragen. Im Juni 1981 verabschiedete die Führung um Deng Xiaoping eine Resolution zur Parteigeschichte, in welcher die Verantwortung für die Kulturrevolution auf ideologischer Ebene Mao Zedong angelastet wurde, der durch übergroße Selbstgewissheit und Loslösung von den gesellschaftlichen Realitäten die existierenden Konflikte in der chinesischen Gesellschaft überspitzt habe. Scharf unterschieden wurde zwischen diesen ideologischen «Fehlern» und den konkreten Straftaten einer Reihe von «Karrieristen». Letztere Gruppierung umfasste gemäß offizieller Darstellung einen Kreis von rund zehn Personen, der sogenannten Viererbande um Mao Zedongs Frau Jiang Qing, sowie eine Reihe von Generälen aus dem Umfeld des 1971 bei einem Flugzeugabsturz ums Leben gekommenen Verteidigungsministers Lin Biao. Beiden Gruppierungen wurde die Subversion des Parteistaats aus persönlichen Motiven unterstellt. Anfang 1981 verurteilte ein Sondergerichtshof in Peking die Angeklagten zu langjährigen Haftstrafen.

Die geschichtspolitische Resolution des Jahres 1981 definiert bis heute die Grenzen dessen, was offiziell in China über die Kulturrevolution geschrieben werden kann. Kritische Forschung ist dort nur im privaten Rahmen oder über den Umweg einer Publikation in Hongkong, Taiwan oder nach Übersetzung in westliche Sprachen möglich. Unter dem Schlagwort der staatlich propagierten «umfassenden Verneinung» der Kulturrevolution wird jegliche Differenzierung der Frage nach historischer Verantwortung unterbunden, ohne dass Täter- oder Opferstatus überzeugend definiert wurden, so dass alte Konflikte und Traumata bis heute keine Klärung erfahren haben. Die Zentrale Propagandaabteilung erließ in den 1980er Jahren mehrere Richtlinien, welche detaillierte Untersuchungen über den Zeitraum der Kulturrevolution oder über das moralische Verhalten einzelner Parteikader untersagten. Verschärft wurde das Publikationsverbot ein weiteres Mal im November 2013, als die Parteiführung unter Generalsekretär Xi Jinping die Destabilisierung der gegenwärtigen Politik mittels historischer Beispiele ebenso brandmarkte wie die Kritik an der Vergangenheit auf Basis aktueller politischer Entwicklungen.

Eine umfassende Kontrolle des gesellschaftlichen Diskurses über die Vergangenheit ist jedoch auch in einer Parteidiktatur wie der Volksrepublik China illusorisch. De facto ist die innerchinesische Diskussion über die Kulturrevolution von unterschiedlichen Konjunkturen staatlicher Repression gekennzeichnet. Die Partei selbst unternahm eine Reihe umfassender interner Untersuchungen hinsichtlich der Verantwortlichkeit für die schlimmsten Gewalttaten der Kulturrevolution, die allerdings nur parteiintern und in geringer Stückzahl zirkulierten. Vereinzelt gelangten diese Untersuchungen an die Öffentlichkeit, wobei insbesondere die Berichte über Kannibalismus in der Autonomen Region Guangxi für Aufsehen sorgten. Darüber hinaus wurden Todesfälle und Gewalttaten in vielen Landesteilen zumeist auf Basis von Nachforschungen lokaler Parteikomitees, oft auch mehrfach, überprüft und teilweise verfolgt. Das zentrale Motiv für die Nachforschungen war allerdings weniger die Aufarbeitung historischer Vergehen als vielmehr eine Evaluierung des Verhaltens lokaler Parteikader hinsichtlich ihrer Loyalität zur Führung um Deng Xiaoping. Einige Ergebnisse dieser Untersuchungen finden sich in den Tausenden von Lokalchroniken, in denen gemäß der Vorgabe Deng Xiaopings, die Geschichte dieses Zeitraums «mit breitem Pinselstrich und nicht zu vielen Details» zu erzählen, verstreute Angaben über lokale Vorkommnisse während der Kulturrevolution zu finden sind.

Ein weiterer Überlieferungsstrang kulturrevolutionärer Ereignisse findet sich in der Vielzahl von Erinnerungstexten, die persönliche Erfahrungen als Memoiren, in Romanform, in Blogs und Foren oder als inoffizielle Online-Zeitschriften aufbereiten und dafür gesorgt haben, dass keineswegs von einem Tabu der Auseinandersetzung mit der Kulturrevolution gesprochen werden kann. Allerdings weist die Erinnerungsliteratur klar schichtspezifische Tendenzen auf. Insbesondere im Fall von Übersetzungen kulturrevolutionärer Erinnerungen in westliche Sprachen ist zu konstatieren, dass die überwiegende Mehrzahl der Titel entweder von ehemaligen Rotgardisten oder von vormals an Universitäten und Schulen tätigen Opfern der Bewegung verfasst wurden. Dieser auf dem Bildungsniveau der Verfasser basierende Selektionsmechanismus hat zu einem stark verzerrten Bild der Kulturrevolution in westlichen Debatten geführt. Die Titel konzentrieren sich beinahe ausschließlich auf die städtischen Opfer des Terrors in den Jahren 1966 und 1967 und auf die Phase der zwangsweisen Landverschickung der Rotgardisten, während die Hintergründe der Entwicklungen im ländlichen Raum und in den Grenzgebieten deutlich weniger Beachtung gefunden haben. Statistische Untersuchungen zeigen allerdings, dass die Kulturrevolution die meisten Opfer auf dem Land forderte, insbesondere in den Jahren 1968 bis 1971, als im Namen der neu gegründeten Revolutionskomitees staatliche Akteure und Militärs vermeintliche Gegner, Angehörige der «schwarzen Klassen» und vormalige Rebellen harsch unterdrückten.

Eine zentrale Debatte unter Zeitzeugen und chinesischen Historikern der Kulturrevolution betrifft die Frage nach der Existenz unterschiedlicher Dimensionen der Bewegung. Unter dem Schlagwort der «Theorie der zwei Kulturrevolutionen», zuerst von vormaligen Mitgliedern kulturrevolutionärer Rebellenorganisationen zu Beginn der 1980er Jahre formuliert, wurde die «umfassende Verneinung» der Kulturrevolution durch die Kommunistische Partei kritisiert und zwischen einer «offiziellen Kulturrevolution» und einer «Kulturrevolution des Volkes» unterschieden. Hierin spiegelte sich der Versuch, zwischen der Ebene politischer Machtkämpfe der Eliten einerseits und der Kritik an repressiven gesellschaftlichen Verhältnissen durch Teile des Volkes andererseits zu unterscheiden. Die strikte Trennung beider Sphären bot die Möglichkeit einer produktiven Anknüpfung an Debatten über Machtmissbrauch, Klassenhierarchien und Experimente mit Formen partizipatorischer Demokratie, welche durch die Komplettnegation der Kulturrevolution ansonsten ebenfalls dem Orkus der Geschichte anheimgefallen wären.

Im Zentrum der Debatte steht dabei die ungelöste Frage nach der Rolle Mao Zedongs. Beschränkte sich seine Rolle auf den Sturz innerparteilicher Rivalen und somit auf die «offizielle Kulturrevolution» oder sah er bereits die möglichen Konsequenzen wachsender Statusprivilegien und Kapitalakkumulation basierend auf der Sonderrolle der Parteikader voraus und versuchte diese mit der Kulturrevolution (erfolglos) zu unterbinden? War Mao also der eigentliche geistige Anführer der Rebellen und wenn ja, warum ließ er diese bereits im Herbst 1967 wieder fallen? Auch langjährige Kritiker der «Theorie der zwei Kulturrevolutionen» haben in Anbetracht der Korruptionsexzesse der vergangenen Jahre ihre Fundamentalkritik an positiven Elementen der Kulturrevolution relativiert, gleichzeitig aber auf die Unmöglichkeit einer radikalen Trennlinie zwischen «guten» und «schlechten» Elementen der Bewegung hingewiesen. In jüngster Zeit hat eine wachsende Zahl von Debattenbeiträgen alternative Deutungen der Kulturrevolution angeregt, die stärker auf status-, orts- und zeitspezifische Wahrnehmungen eingehen und insbesondere die Klassenfrage wieder in den Mittelpunkt gerückt haben. Auch steht nicht mehr nur das politische Geschehen im Zentrum, sondern kulturelle, gesellschaftliche und wirtschaftliche Entwicklungen finden zunehmende Beachtung. So lassen sich frühere Darstellungen der Kulturrevolution als eines zehn Jahre unverändert andauernden Schreckensregimes kritisch hinterfragen und die spezifischen Formen der Gewalt genauer zeitlich und räumlich verorten.

Eine stärkere Betonung regionaler Entwicklungen und der Widersprüchlichkeit von Zielen und Konsequenzen der Bewegung ist dringend notwendig. Gleichzeitig erscheint es geboten, durch eine umfassende Historisierung der noch immer andauernden Mystifizierung der Kulturrevolution entgegenzuwirken, denn in vielerlei Hinsicht gleicht die Kulturrevolution einem Vexierbild, in welches je nach politischem Hintergrund unterschiedlichste Absichten hineininterpretiert werden können. Eine Mystifizierung der Kulturrevolution findet einerseits von Seiten der Parteiführung statt, welche den Zeitabschnitt als historische Ausnahmeerscheinung zu proklamieren trachtet, die keinerlei Kontinuität mit den Epochen zuvor und danach aufweise. Andererseits dient die Kulturrevolution noch immer als Anknüpfungspunkt radikaler Utopien, deren Befürworter zwischen den korrekten Intentionen Mao Zedongs und den bedauerlichen sozialen Konsequenzen zu unterscheiden bemüht sind. Die Gewaltexzesse der Kulturrevolution sind von den ideologischen und politischen Grundlagen der Bewegung jedoch nicht zu trennen. Die Intentionen Mao Zedongs, soweit sie sich bei heutigem Kenntnisstand rekonstruieren lassen, waren vielfältig und dienten auch Motiven, die sich keineswegs nur auf einen hehren emanzipatorischen Grundkern reduzieren lassen. Überdies unterlagen sie einem rasanten zeitlichen Wandel und eignen sich daher nicht als die historischen Umstände transzendierende, absolute Wahrheiten. Eine Unterscheidung verschiedener Phasen der Bewegung erscheint daher geboten.

Chronologien

Gemäß der offiziellen Parteidoktrin wird die Kulturrevolution als «zehnjährige Katastrophe» bezeichnet. Der Zeitraum umspannt die Jahre 1966 bis 1976, gefolgt von einer meist als «Interregnum» bezeichneten zweijährigen Phase unter dem Vorsitz von Mao Zedongs direktem Nachfolger Hua Guofeng. Der Beginn der Reform- und Öffnungsperiode wird mit dem Dritten Plenum des Elften Parteitags im Dezember 1978 und der machtpolitischen Durchsetzung Deng Xiaopings angesetzt. Diese offizielle Datierung dient einem doppelten Zweck: Durch die kollektive Schuldzuweisung für alle während der Kulturrevolution begangenen Vergehen an die Mitglieder der «Viererbande» und der «Lin-Biao-Clique» wird die weit komplexere Verstrickung anderer Parteiführer während der gesamten Dekade verschwiegen und eine begrenzte Projektionsfläche für Kritik, Wut und Schmerz geboten. Andererseits delegitimiert die Datierung Maos direkten Nachfolger Hua Guofeng und stellt Deng Xiaoping als den alleinigen Vater der chinesischen Reformpolitik dar. Die Stilisierung des Dritten Plenums als kairotischem Wendepunkt wird auch von der wissenschaftlichen Forschung noch zu selten problematisiert. Erst in den letzten Jahren beginnt, insbesondere unter chinesischen Historikern, eine Neubewertung der Rolle zentraler Parteiführer in den späten 1970er Jahren ebenso wie eine Debatte über die komplexen Ursprünge der Reformpolitik.

Die Unzulänglichkeiten und politischen Motivationen der offiziellen Chronologie sind mehrfach zum Gegenstand kritischer Auseinandersetzungen geworden. Für die Zwecke des vorliegenden Buches erscheint eine Einteilung der Kulturrevolution in vier Phasen plausibel. (1) *Kulminierungsphase*: November 1965 bis August 1966. Mit der Publikation der Streitschrift Yao Wenyuans über die Neuinszenierung des Theaterstücks «Hai Rui wird aus dem Amt entlassen» beginnt eine Folge sukzessiver Intrigen, die zum Sturz bedeutender politischer und militärischer Parteikader führen und die machtpolitische Basis für die Kulturrevolution schaffen. Im Anschluss an die erweiterte Politbürositzung im Mai 1966 kommt es zu einem ersten Experimentieren im Umgang mit der beginnenden Kulturrevolution an Schulen und Universitäten unter weitgehender Abwesenheit Mao Zedongs. (2) *Kulturrevolution*: August 1966 bis Herbst 1968. Mit der Verabschiedung des «16-Punkte-Programms» am 8. August 1966 beginnt die Kernphase der Massenbewegung unter Führung Mao Zedongs, deren Kritik sich zunächst gegen überkommene Kultur und Ideen, ab Oktober 1966 zunehmend gegen Personen innerhalb der Partei richtete, die den «kapitalistischen Weg» gegangen seien. Der Zeitraum ist von einer partiellen Zerstörung der Lenkungsfunktionen der Parteiorgane, durch zunehmende Fraktionsbildung und gewaltsame Konflikte in allen Landesteilen gekennzeichnet. Die Phase endet mit der Errichtung von Revolutionskomitees auf Provinzebene und der Landverschickung der Rotgardisten. Aufgrund der lokal unterschiedlichen Umsetzung ist der Übergang zu Phase 3 zeitlich nicht scharf zu begrenzen. (3) *Staatliche Repression und Militärdominanz*: Herbst 1968 bis September 1971. Mit der landesweiten Etablierung der Revolutionskomitees, in denen zumeist das Militär die stärkste Kraft bildete, erreichte die staatliche Repression ihren Höhepunkt. Kampagnen wie die «Säuberung der Klassenränge» forderten die höchsten Opferzahlen des Jahrzehnts. Währenddessen stiegen Generäle in höchste Parteiämter auf und verschärften die Militarisierung der Gesellschaft, die

durch die Furcht vor einem atomaren Erstschlag der Sowjetunion noch bestärkt wurde. Das Zerwürfnis zwischen Mao und
Lin Biao sowie die anschließende Flucht und der Tod Lins bilden den Abschluss dieser Periode. (4) *Politische Machtkämpfe
und gesellschaftlicher Wandel*: September 1971 bis Oktober
1976. Die vierte Phase schließlich ist gekennzeichnet von inhaltlichen und persönlichen Konflikten konkurrierender Gruppierungen an der Parteispitze, abrupten Kurswechseln in der Außenpolitik und dem beginnenden Kampf um das Erbe Mao
Zedongs. Gleichzeitig setzte im Gefolge der Lin-Biao-Affäre
eine zunehmende gesellschaftliche Skepsis gegenüber der politischen Führung ein, die sich in einem partiellen Rückzug ins
Private äußerte. Auf lokaler Ebene fanden gesellschaftliche Veränderungen und erste wirtschaftliche Experimente statt, die
spätere Differenzierungsprozesse und Reformen zumindest in
Teilen bereits ankündigten. Die Phase endet mit dem Tod Maos
im September 1976 und der Verhaftung der Viererbande einen
Monat später.

II. Ursachen und ideologische Grundlagen

Trotz aller berechtigten Kritik an einer einzig auf die Taten
«großer Männer» fixierten Geschichtsschreibung: Es kann kein
Zweifel daran bestehen, dass ohne Mao Zedong die Kulturrevolution nicht stattgefunden hätte. Aber gleichermaßen gilt,
dass ohne die Existenz fundamentaler Konflikte in der chinesischen Gesellschaft die Bewegung niemals eine solche Dynamik,
Gewalttätigkeit und Breitenwirkung entfaltet hätte. Die Ursachen der Kulturrevolution sind komplex und lassen sich ohne
ein Verständnis der innerchinesischen wie internationalen Entwicklungen, insbesondere seit Mitte der 1950er Jahre, nicht
nachvollziehen. Die Kommunisten verdankten ihren Erfolg im
Bürgerkrieg (1946–49) gegen die Guomindang, der von Sun
Yat-sen gegründeten Nationalen Volkspartei Chinas, nicht zu-

letzt der Geschlossenheit ihrer Führungsspitze und einer einheitlichen Zukunftsvision. Beinahe bis an die Jahrtausendwende prägten Teile dieses Führungskollektivs die Politik der Volksrepublik. Die Kommunistische Partei hatte sich im Gefolge des mythisch überhöhten Langen Marsches in Yan'an, einer ärmlichen, abgelegenen Region am Mittellauf des Gelben Flusses in der Provinz Shaanxi, konsolidiert. Auch während der Kriegsjahre blieben die Kommunisten vergleichsweise geschützt vor den Angriffen japanischer Truppen, die Chinas Ostküste besetzt und etwa in Nanjing furchtbare Massaker verübt hatten. Trotz dieser peripheren geographischen Lage avancierte die Kommunistische Partei durch eine kluge Medienstrategie zum Sprachrohr des antiimperialistischen Widerstands und gewann hierdurch Rückhalt in der Bevölkerung.

In Yan'an erfolgte auch Mao Zedongs Durchsetzung zum unumstrittenen Führer der Partei, die auf dem Siebten Parteitag im Frühsommer 1945 formal bestätigt wurde. Mao forcierte mit Hilfe politischer Unterstützer den Aufbau eines Personenkults, der sowohl vom stalinistischen Vorbild als auch von der konkurrierenden Propagierung Chiang Kai-sheks als Führer der chinesischen Nation beeinflusst wurde. Seine Schriften bildeten den Kern der sogenannten Ausrichtungskampagne in den Jahren 1942–44. Ziel dieser Kampagne war die machtgestützte Vermittlung einer einheitlichen Weltsicht und Terminologie für die rapide gewachsene Anzahl an Parteimitgliedern. Innerhalb der Yan'an-Dekade stieg deren Zahl von etwa 40000 auf über 1,2 Millionen an. Die Vermittlung einer geteilten Vision für die Zukunft, basierend auf den «sinisierten» Lehren des Marxismus-Leninismus, sollte sich als zentral für die Sicherung der Parteieinheit erweisen. Überdies erhob die Kampagne Maos Schriften und Konterfei zu den zentralen Symbolen der kommunistischen Bewegung. Parallel fand eine unter dem Namen «Rettungsbewegung» firmierende Säuberungsaktion statt, die Kritiker Maos, wie den Dichter Wang Shiwei oder den vormaligen Parteiführer Wang Ming, gewaltsam ausschaltete. Nach Konsolidierung seiner Macht innerhalb der Partei wuchs Mao Zedongs öffentliches Ansehen durch den Sieg im Bürgerkrieg erheblich, so dass die Situation an der Parteispitze in den frühen 1950er Jahren mit «Hofpolitik» verglichen worden ist. Innerparteiliche Rankünen, etwa die Affäre um die Putschpläne der Parteikader Gao Gang und Rao Shushi, verwiesen auf schwelende Konflikte zwischen unterschiedlichen regionalen Gruppierungen innerhalb der Partei. Entscheidend für den Erfolg oder Misserfolg einzelner Strömungen blieb jedoch die Unterstützung durch Mao Zedong, der trotz des formalen Primats kollektiver Führung seine Kollegen an Macht und öffentlichem Ansehen weit überragte.

Mit der Gründung der Volksrepublik China im Oktober 1949 veränderte sich die Rolle der Partei fundamental. Sie herrschte nicht länger über kleinteilige Sowjetgebiete, sondern etablierte eine landesweite Diktatur mit Hilfe eines umfangreichen bürokratischen Apparats. Die Anzahl der Funktionäre, auch Kader genannt, verdreifachte sich allein zwischen 1949 und 1957 beinahe, von rund 3 Millionen auf über 8 Millionen. Mao Zedong beobachtete die Gefahren einer Routinisierung und Bürokratisierung der revolutionären Bewegung von Anfang an mit Argwohn und veranlasste persönlich eine Abfolge von Massenkampagnen, um die Dynamik der Revolution zu wahren. Die Kampagnen richteten sich gegen vormalige Eliten, gegen Korruption in Wirtschaft und Verwaltung sowie gegen vermutete Gegner innerhalb der Partei. Die gewaltsamen und stets exzessiven Massenkampagnen blieben ein zentrales Element der chinesischen Politik, obgleich sich die Parteiführung ansonsten in den ersten Jahren nach der Staatsgründung politisch und wirtschaftlich verstärkt am Vorbild der Sowjetunion ausrichtete. Mit dem Tod Stalins im Jahr 1953 wurden zunehmende Spannungen im Verhältnis zur Führungsnation des sozialistischen Lagers deutlich. Greifbar wurde der Konflikt im Gefolge der Geheimrede Nikita Chruschtschows auf dem 20. Parteitag der Kommunistischen Partei der Sowjetunion im Jahr 1956. Chruschtschow kritisierte den stalinistischen Personenkult und die Terrorherrschaft des ehemaligen Parteiführers scharf. Die chinesische Seite war über die Rede im Voraus nicht informiert worden. Sie hielt weder die Faktenlage noch den Bewertungsmaßstab für angemessen und artikulierte dies auch öffentlich. Nicht zuletzt warf die Rede die Frage nach einer Übertragbarkeit der Kritik auf die chinesische Situation auf. Doch anders als in vielen Staaten Osteuropas, die erst durch den Ausgang des Zweiten Weltkriegs zu Satelliten der Sowjetunion gemacht worden waren, konnte sich die Kommunistische Partei Chinas zu diesem Zeitpunkt als Führungsorganisation einer nationalen Befreiungsbewegung auf weitgehenden Rückhalt in der Bevölkerung verlassen. Dennoch bestärkten die Folgen der Entstalinisierungspolitik für die Einheit des sozialistischen Lagers in Osteuropa, insbesondere in Polen und Ungarn, die chinesische Parteiführung in einer kritischen Analyse des sowjetischen Vorbilds und der Suche nach einem eigenen sozialistischen Entwicklungspfad. Mao Zedong wandte sich hierbei insbesondere gegen die dogmatische Auslegung fremder Vorbilder und setzte wie bereits in Yan'an auf eine flexible Reaktion hinsichtlich der sich stets neu präsentierenden Widersprüche und Probleme in der chinesischen Gesellschaft. Der von Mao persönlich forcierte Versuch, Unzulänglichkeiten der Parteidiktatur im Rahmen der «Hundert-Blumen-Bewegung» (1956/57) durch Kritik von Nicht-Parteimitgliedern, insbesondere von Intellektuellen, aufzeigen zu lassen, wurde von Teilen der Parteiführung als gravierender Fehler betrachtet, da er die Führungsrolle der Partei unterminierte. Als kritische Äußerungen einzelner Individuen an der Allmacht der Parteibürokratie wie auch an ihrem Vorsitzenden zu zirkulieren begannen, änderte Mao seine Position, stellte sich schützend vor den Parteiapparat und rechtfertigte seine Maßnahme als taktische Finte, um versteckte Kritiker zu entlarven. Anstelle der ursprünglich avisierten etwa 4000 Parteigegner wurden über 550 000 Personen als «Rechtsabweichler» gebrandmarkt und zur ideologischen Umerziehung auf das Land geschickt.

Zum offenen Bruch mit der Sowjetunion führten jedoch erst die politischen Entwicklungen im Umfeld des Großen Sprungs nach vorne (1958–61). Unzufrieden mit dem Tempo der sozialistischen Transformation der Volksrepublik China, hatte Mao 1958 die Kollektivierung der Landwirtschaft, die Aufhebung traditioneller Familienstrukturen sowie die Industrialisierung des ländlichen Raumes angeordnet. Unter der tatkräftigen Leitung des Parteisekretärs Deng Xiaoping wurde die Kampagne landesweit umgesetzt und lokale Parteifunktionäre zur Umsetzung von Höchstleistungen in der Produktion angespornt. In einem von innerparteilichen Abhängigkeitsverhältnissen geprägten Umfeld meldeten die Regionen zunehmend unrealistische Erträge sowohl im Agrar- wie Industriesektor an die zentralen Planungsbehörden, die auf Basis dieser Kalkulationen viel zu hohe Getreidemengen requirierten, nicht zuletzt für den Export und die Begleichung internationaler Kredite. Über Fehlentwicklungen informiert, agierte Mao zunächst mit moderaten Anpassungen. Persönlich geäußerte Kritik des Verteidigungsministers Peng Dehuai an der Politik des Großen Sprungs auf der Lushan-Konferenz im Spätsommer 1959 verstand Mao indessen als Angriff auf seine Führungsautorität und als Aufkündigung der Loyalität durch die Militärspitze. Nicht zuletzt vermutete er sowjetischen Einfluss hinter der Kritik, da sich Chruschtschow mehrfach abschätzig über den Großen Sprung geäußert hatte und Peng unmittelbar zuvor von einer Reise in die Sowjetunion zurückgekehrt war. Mao verschärfte die desaströsen wirtschaftlichen Maßnahmen des Großen Sprungs erneut und er trägt damit die historische Verantwortung für die größte Hungersnot der Weltgeschichte. Aktuelle Schätzungen gehen von 30 bis 45 Millionen Todesopfern aus. Nur vor dem Hintergrund dieser Entwicklungen lassen sich die konkreten Ursachen der Kulturrevolution nachvollziehen, die im Folgenden in drei thematischen Komplexen gebündelt werden.

Machtpolitische Ursachen

Zahlreiche ältere Darstellungen betonen den Aspekt der Auseinandersetzung unterschiedlicher «Linien» innerhalb der Partei als maßgebliche Ursache der Kulturrevolution. Verkürzt gesagt, wird ein «Reformerlager» um Liu Shaoqi (Staatspräsident Chinas seit 1959) sowie Parteisekretär Deng Xiaoping der «radikalen» Fraktion um Mao Zedong und den Mitgliedern der späteren Viererbande entgegengestellt. Mit der Kulturrevolution habe Mao, der sich nach dem Großen Sprung partiell aus der Tagespolitik zurückgezogen hatte, die politische Initiative wieder an sich reißen und seine innerparteilichen Gegner entmachten wollen. Wenngleich Mao Zedongs machtpolitische Motive nicht unterschätzt werden sollten, liegt die zentrale Schwachstelle des Erklärungsansatzes daran, dass Mao mit der Degradierung von Liu und Deng im August 1966 sein Ziel eigentlich schon erreicht hatte, zu einem Zeitpunkt, als die Kulturrevolution gerade erst Fahrt aufnahm. Die für die zeitgenössische Massenmobilisierung notwendige Überbetonung des Konflikts sollte nicht den Blick dafür verstellen, dass Liu und Deng auch in den Jahren unmittelbar vor der Kulturrevolution ihre Maßnahmen zumeist eng mit Mao abstimmten, auch wenn Mao Zweifel an ihren Zielen hegte und insbesondere Deng vorwarf, ihn nicht ausreichend zu informieren und ein «unabhängiges Königreich» zu führen. Differenzen zu Liu Shaoqi existierten im Bereich der Wirtschaftspolitik, hinsichtlich der Betonung des Klassenkampfes innerhalb der Partei und nicht zuletzt bezüglich der Frage der Autorität, autonome politische Entscheidungen zu treffen. Zwar hatte Mao Liu Shaoqi bewusst als Nachfolger aufgebaut, als dieser nach 1959 aber gelegentlich auf eigenen Standpunkten beharrte und ihm Teile der Parteiführung folgten, betrachtete Mao dies als persönlichen Affront.

Mao Zedongs wachsende Skepsis gegenüber Liu Shaoqi speiste sich insbesondere aus dessen Kritik am Großen Sprung, die Liu auf einer Konferenz im Januar 1962 geäußert hatte. Liu machte die Ursachen auch an politischem Versagen fest und nicht, wie von Mao betont, primär an widrigen Wetterbedingungen. Spätestens seit diesem Zeitpunkt hegte Mao Zweifel an der persönlichen Loyalität Lius, einem Bewertungsmaßstab, dem er in den Folgejahren zentrale Bedeutung beimaß. Lin Biao, Kriegsheld des chinesischen Bürgerkriegs und Chinas Verteidigungsminister seit 1959, erkannte die von Mao eingeforderte Differenz zwischen Treue gegenüber der Partei und persönlicher Loyalität gegenüber dem Parteivorsitzenden in aller Klarheit. In den folgenden Jahren machte er sich einen Namen durch seine unbedingte Gefolgschaft gegenüber Mao Zedong sowie durch den Versuch, das Militär zu einem Bollwerk revolutionärer Ideale der Yan'an-Zeit zu machen. Hierzu zählte die Abschaffung von Ranginsignien und die Betonung politischer Arbeit im Militär, nicht zuletzt durch das Studium knapper Zitate Mao Zedongs im Rahmen des militärischen Drills sowie durch einen veritablen Personenkult. In diesem Zusammenhang entstand auch das «Kleine Rote Buch», das als «Mao-Bibel» auch im Westen zum zentralen Symbol der Kulturrevolution wurde. Lin Biaos Verhalten diente dabei, anders als oftmals dargestellt, weniger persönlichen Machtinteressen denn als Präventionsmaßnahme angesichts der zunehmend erratisch erscheinenden Angriffe Mao Zedongs auf seine Parteikollegen.

Der Konflikt zwischen Mao und Liu entzündete sich offen sichtbar im Dezember 1964 anlässlich der Frage um das primäre Ziel der Sozialistischen Erziehungskampagne (1963–65), dem direktem Vorläufer der Kulturrevolution. Während Liu lokale Korruption in den Mittelpunkt der Kampagne rückte, betonte Mao, dass es sich bei diesen Vorkommnissen nicht um persönliches Fehlverhalten, sondern um einen Grundkonflikt zwischen Sozialismus und Kapitalismus handele. Der Schwerpunkt müsse daher auf die Suche nach «Machthabern innerhalb der Partei, die den kapitalistischen Weg eingeschlagen» hätten, gelegt werden. Wenngleich Liu dem Ansinnen Maos nicht direkt widersprach, so betonte er doch eine notwendige Differenzierung und setzte sich damit parteiintern zunächst durch. Liu agierte während der Kampagne teilweise harscher in seiner Kritik an Lokalkadern als Mao Zedong selbst. Allerdings wandte er sich gegen eine offene Mobilisierung der Bevölkerung und bevorzugte hochrangige Arbeitsgruppen, welche die Kritik anleiten und kanalisieren sollten. Mao Zedong inszenierte seine vermeintliche Marginalisierung innerhalb der Parteispitze dramatisch, indem er auf einer Gremiensitzung aus der chinesischen Verfassung das Recht auf Meinungsfreiheit referierte, die Notwendigkeit demokratischer Entscheidungsfindungen betonte und Demonstrationen gegen «Bürokraten» innerhalb der Parteiorganisation forderte. Die symbolpolitische Inszenierung sprach der Realität des nach wie vor hochgradig Mao-zentrierten Herrschaftssystems Hohn, aber Mao erkannte deutlich, dass anders als etwa während des Großen Sprungs nach vorn der Parteiapparat und insbesondere die Parteipresse nicht mehr nur auf seine Person konzentriert waren. Diese Entwicklung nahm er zunehmend als potentielle Gefahr für die Umsetzung seiner politischen Ziele wahr. Dies galt insbesondere für das Folgeverhalten der Parteiorganisation in Peking unter der Leitung Peng Zhens, eines weiteren prominenten Opfers der Kulturrevolution, der Mao Zedong, oder besser dessen mediales Image, bereits im Zuge der Entstalinisierung als «Werkzeug» bezeichnet hatte, welches die Partei effektiver nutzen solle.

Maos zunehmendes Misstrauen in die Verlässlichkeit der regulären Parteiorgane führte dazu, dass er seine politischen Ziele vermehrt mittels persönlicher Vertrauter und ad hoc gebildeter Beratungs- und Entscheidungsgremien umzusetzen trachtete. Die gezielte Ausschaltung hochrangiger Kader in den Bereichen Öffentliche Sicherheit, Propaganda, Militär und Organisation sowie ihre Ersetzung durch getreue Parteigänger unmittelbar vor Beginn der Kulturrevolution belegt, dass Mao den Erfolg der Bewegung taktisch gewissenhaft vorbereitete. Die postulierte Gefahr eines bevorstehenden Putsches, die Lin Biao im Mai 1966 als Menetekel an die Wand zeichnete, entbehrte jeglicher realistischen Grundlage. Aber das Schicksal Chruschtschows, der im Oktober 1964 von einer Koalition innerparteilicher Feinde entmachtet worden war, bot einen unmittelbaren Vergleichsfall, den Mao Zedong aufmerksam registriert hatte. Ohne Zweifel nutzte Mao alle ihm zu Gebote stehenden machtpolitischen Mittel geschickt aus, um sein revolutionäres Erbe zu sichern. Eine hinreichende Erklärung für Ursachen und Verlauf der Bewegung liefert der Ansatz für sich genommen nicht.

Ideologische Ursachen

Die Bedeutung, die Mao Zedong der Ideologie (verstanden als eine Weltanschauung mit absolutem Wahrheitsanspruch) zumaß, verweist auf einen markanten Unterschied zur gängigen Praxis anderer kommunistischer Parteien. Obgleich Mao Zedong den Primat der gesellschaftlichen Produktionsverhältnisse, der ökonomischen Basis, für die Transformation einer Gesellschaftsordnung nicht leugnete, so war er doch der Auffassung, dass unter bestimmten Bedingungen dem Überbau und damit der Schaffung eines «proletarischen Bewusstseins» in der Bevölkerung eine wichtigere Bedeutung zukomme. Die Frage nach der Sicherung proletarischen Bewusstseins stellte sich konkret aus zweierlei Gründen. Erstens beobachtete die chinesische Führung die Entwicklungen in der Sowjetunion zunehmend kritisch. Im Jahr 1960 war es zum offenen Bruch gekommen und die Sowjetunion hatte alle technischen Berater abgezogen, nicht zuletzt auch die Unterstützung zum Bau einer chinesischen Atombombe. Der Abschluss des Atomwaffentestsperrvertrags 1963 verschärfte das Gefühl des Verrats auf chinesischer Seite nur noch. Im Bereich der politischen Rhetorik wurden insbesondere die phasenweise sowjetische Annäherung an die Vereinigten Staaten, die Propagierung des Konzepts der «friedlichen Koexistenz» zwischen kapitalistischen und sozialistischen Staaten sowie die Möglichkeit der Beschreitung des parlamentarischen Wegs zur Überwindung des Kapitalismus vehement bekämpft. Die Partei versammelte ihre ideologisch versiertesten Edelfedern in einer Arbeitsgruppe, um mit Hilfe von neun in der «Volkszeitung» publizierten Polemiken nachzuweisen, dass es sich beim sowjetischen Weg um «Revisionismus» handele, um einen historischen Rückschritt, der zu einer Wiedererrichtung kapitalistischer Ausbeutung im Mutterland des Sozialismus führe. Zur Unterscheidung dieses «sterbenden» Sozialismus bemühte man am Schluss der achten Polemik ein Zitat des Schweizer Sozialisten Paul Golay aus dem Jahr 1915, das auf die Situation der Sowjetunion gemünzt wurde: «Was in dieser Stunde stirbt, ist nicht der Sozialismus überhaupt, sondern eine Abart des Sozialismus, ein süßlicher Sozialismus ohne den Geist des Idealismus und ohne Leidenschaft, [...] ein Sozialismus ohne Kühnheit und ohne Wagemut, der auf Statistik erpicht ist, [...] der sich nur mit Reformen befasst, [...] ein Sozialismus, dessen sich die Bourgeoisie zur Drosselung der Ungeduld des Volkes und als einer Art automatischer Bremse gegen kühne Aktionen der Proletarier bedient.» Wagemut, Massenbewegung und gewaltsame Revolution wurden demzufolge als Kennzeichen des chinesischen Sozialismus betont.

Zweitens bot nicht nur die internationale Situation Mao Anlass zur Sorge, auch die Entwicklungen in der Volksrepublik beobachtete er mit zunehmendem Argwohn. Angesichts der offensichtlichen Kehrtwende in der Wirtschaftspolitik, mit Wiedereinführung individueller Verantwortung in Teilbereichen der Produktion, aber auch mit dem Erscheinen einiger kritischer Zeitungsartikel und literarischer Werke, äußerte Mao im August und September 1962 auf Konferenzen im Badeort Beidaihe (dem chinesischen Äquivalent zur SED-Waldsiedlung) sowie in Peking seine Befürchtungen: Die Partei dürfe niemals den Klassenkampf vergessen, um nicht das Schicksal Jugoslawiens oder der Sowjetunion zu teilen. «In den sozialistischen Ländern existieren weiterhin Klassen, der Klassenkampf existiert mit Sicherheit noch.» Doch woher sollte, in Anbetracht der im Jahr 1956 bereits als erfolgreich abgeschlossen verkündeten sozialistischen Transformation der Wirtschaftsordnung, die revisionistische Kehrtwende erfolgen? Entweder musste sie als Altlast der Vergangenheit betrachtet werden, als Relikt bourgeoisen Denkens unter den vormaligen Eliten, die es durch diktatorische Unterdrückung und fortgesetzte Umerziehung zu überwinden gelte. Oder aber die Fortdauer des Klassenkampfes musste als integraler Bestandteil des Sozialismus als einem Zwischenstadium zwischen Kapitalismus und Kommunismus verstanden werden. Mao verwendete im September 1962 erstmals den Begriff der «neuen bourgeoisen Elemente», die innerhalb des sozialistischen Systems entstehen könnten, ohne den Entstehungsprozess näher zu definieren. Angesichts des Fortbestands konkurrierender Ideologien in anderen Teilen der Welt und der Unmöglichkeit, eine gänzliche Autarkie der chinesischen Gesellschafts- und Wirtschaftsordnung zu erreichen, musste die chinesische Bevölkerung, insbesondere die Jugend, demzufolge gegen diese negativen Einflüsse «immunisiert» werden, wie es Mao gelegentlich unter Rückgriff auf medizinische Metaphorik ausdrückte. Die 1963 begonnene Sozialistische Erziehungskampagne mit

Modellhelden wie Lei Feng, die alle Individualität der Partei-
treue unterordneten, zielte auf die präventive «Immunisierung»
der chinesischen Gesellschaft gegen revisionistisches Gedankengut ab.

Das Problem des Revisionismus hatte aber noch eine weitere
Dimension: Was, wenn die Entwicklungen nicht nur ein Problem überkommenen falschen Bewusstseins in der Bevölkerung
wären, sondern aus der Partei selbst generiert würden? Diese
ungleich radikalere Sichtweise klingt mehrfach bei Mao Zedong an, so in einem Kommentar aus dem Jahr 1965, in welchem er postulierte, dass in manchen Regionen Chinas eine
«Bürokratenklasse» aus lokalen Parteikadern der Arbeiter-
klasse und den Bauern feindlich gegenüberstehe. Diese Gegner
firmierten spätestens ab Dezember 1964 unter der Bezeichnung
«Machthaber innerhalb der Partei, die den kapitalistischen Weg
eingeschlagen haben», ohne dass Mao Zedong den Begriff je-
mals kohärent definiert hätte. Ähnlich wie in den Analysen von
Leon Trotsky oder Milovan Djilas erscheint die Parteidiktatur
hier als eine im Entstehen begriffene «funktionale Bourgeoisie»,
deren Privilegien sich nicht privatem Grundbesitz, sondern der
Verfügungsmacht über staatliche Ressourcen verdanken. Am
unmittelbaren Vorabend der Kulturrevolution deutete Mao
mehrfach gegenüber regionalen Parteisekretären an, dass diese
Gefahr nicht mehr nur als lokales Phänomen zu betrachten sei,
sondern möglicherweise auch von der Parteizentrale ausgehen
könne. In diesem Fall, und nur in diesem, sollten die Regionen
gegen die Zentrale rebellieren. Hierbei handelte es sich um einen unerhörten Vorgang: Der Gründer einer kommunistischen
Parteidiktatur rief zum aktiven Widerstand gegen die Parteiführung auf, wenngleich einstweilen nur theoretisch und nur
unter bestimmten Bedingungen. Mao löste den Widerspruch
zwischen den unterschiedlichen möglichen Entstehungsformen
des Revisionismus nicht auf. Vielmehr nutzte er die entstehende
Ambivalenz, um die Bewegung wahlweise zu radikalisieren
oder einzudämmen. Dabei erwies sich der Bereich der Kultur
aufgrund seiner definitorischen Offenheit als besonders geeignet
für die Suche nach vermeintlichen Revisionisten. Indem er beide

Aspekte, altes Denken wie auch eine neue Bürokratenklasse, zu Beginn der Kulturrevolution als Erklärungsansatz lancierte, blieb die konkrete Stoßrichtung der Bewegung in der Schwebe und bot zeitgenössischen und späteren Exegeten Platz für andauernde Spekulation über seine eigentlichen Pläne. Nicht zuletzt verschaffte ihm die Ambivalenz Handlungsspielraum und versetzte seine Politbürokollegen und Untergebenen in dauerhafte Unsicherheit, die sich nur durch möglichst enge persönliche Gefolgschaft kompensieren ließ.

Zur Sicherung seines revolutionären Erbes richtete sich der Blick des 1893 geborenen Parteiführers auf die Zeit nach seinem absehbaren Ableben. Die zukünftige Entwicklung des Sozialismus in China hing zweifellos davon ab, dass eine neue Generation überzeugter Nachfolger herangezogen würde, welche die Revolution dauerhaft fortsetzen würde. Hierbei handelte es sich um eine Frage von «Leben und Tod», wie die neunte und letzte anti-revisionistische Polemik aus dem Juli 1964 unter Verweis auf Mao feststellte. Diese Nachfolger sollten aus den «Kämpfen der Massen» hervorgehen und fünf Kriterien erfüllen: Sie sollten wahre Marxisten-Leninisten sein, als echte Revolutionäre den breiten Volksmassen dienen und nicht nur einer kleinen Führungsclique, die Fähigkeit zur Überwindung von Meinungsverschiedenheiten besitzen, einen demokratischen Arbeitsstil pflegen, und schließlich sollten sie über die Fähigkeit zur Selbstkritik verfügen und eigene Fehler eingestehen können. Wie aber sollte die junge Generation, die großenteils ohne Revolutions- oder sogar Kriegserfahrung aufgewachsen war, entsprechende Eigenschaften entwickeln, und wogegen sollte sie rebellieren? Für Mao Zedong stellte die Kulturrevolution die Antwort auf diese Fragen dar.

Gesellschaftliche Ursachen

In zahlreichen Überblickswerken zur Kulturrevolution lässt sich eine Verengung der Ursachen allein auf die Person und politischen Überzeugungen Mao Zedongs konstatieren. Die chinesische Gesellschaft erscheint auf diesem Weg als willfähriges

Werkzeug in den Händen eines totalitären Diktators. Im Umkehrschluss erscheinen damit auch niemand anderes als Mao und seine politischen Getreuen verantwortlich für das Leid und die Konflikte der Kulturrevolution. Insbesondere die tumultartigen ersten Jahre der Bewegung lassen sich mit diesem Ansatz allerdings nicht hinreichend erklären. Die Aufforderung Mao Zedongs, gegen Autoritäten im Erziehungswesen, in Kunst, Literatur und Religion sowie schließlich gegen Parteiführer zu rebellieren, fand nicht zuletzt deshalb ein weit geteiltes Echo, weil sie für viele Gruppen und Individuen ein Ventil des Protests gegen unterschiedlichste Missstände und strukturelle Ungleichheiten darstellte. Die Etablierung der Parteidiktatur war einhergegangen mit einer strikten Trennung zwischen Stadt und Land auf Basis eines Haushaltsregistrierungssystems, das die Stadtbevölkerung klar privilegierte und steten Anlass zu Konflikten bot, etwa durch die Unterbindung von Arbeitsmobilität oder durch die erzwungene Landverschickung politisch unliebsamer Personen.

Ein weiterer zentraler Konfliktpunkt war der Versuch der Klassifizierung der gesamten Bevölkerung nach «Klassenstatus». Auf Basis der Einteilung in zumeist sozial definierte Klassen, im ländlichen Raum nach Besitzstand zur Zeit der Landreform, in Städten in der Regel nach Erwerbsart, entwickelte sich eine strikte Sozialhierarchie. Ein guter, «roter» Klassenstatus, etwa als Nachkomme von Partei- oder Militärmitgliedern, Arbeitern, Bauern oder revolutionären Märtyrern, verschaffte eine Vielzahl von Vorteilen bei Bildungszugang, Arbeits- und Wohnungssuche und nicht zuletzt bei der Partnerwahl. Die Kriterien der Vergabe des Klassenstatus, Anpassungen im Lauf der Zeit und die Vererbbarkeit des Status qua Geburt (meist als «Familien- oder Klassenhintergrund» bezeichnet) waren alles andere als klar definiert. Dies galt umso mehr, als Mao in den Jahren vor der Kulturrevolution zwar eine Wiederkehr des Klassenkampfs betonte und vor versteckten Klassenfeinden warnte, die soziale Dimension aber durch den Faktor «politischen Verhaltens» verkompliziert wurde. Die persönliche politische Haltung wurde von den jeweiligen Parteigremien in den

Personenakten verzeichnet, und ihre Interpretation bot Raum für willkürliche Klassifikationen. Zu Beginn der Kulturrevolution waren die fünf «schwarzen» Klassen die Parias des neuen Staates. Sie setzten sich zusammen aus den sozialen Kategorien der Grundbesitzer und reichen Bauern sowie den politischen Kategorien der Konterrevolutionäre, «schlechten» Elemente (einer äußerst vagen Kategorie, die gesellschaftliche Normabweichungen von Kleinkriminalität bis hin zu außerehelichen Liebesbeziehungen und Homosexualität umfasste) und schließlich der «Rechtsabweichler» der Hundert-Blumen-Kampagne. Zahlreiche Konflikte der Kulturrevolution hatten ihren Ursprung im Bestreben, eine bestimmte soziale oder politische Kategorisierung und die damit verbundenen Konsequenzen rückgängig zu machen.

Konfliktpotential bot sich auch in vielen Bereichen der Arbeitswelt. Der neue Staat hatte ein hochgradig ausdifferenziertes Status- und Gehaltsgefüge etabliert, das mit den egalitären Idealen der Yan'an-Periode nur noch wenig gemein hatte. Das Gefälle zwischen Stadt und Land war gewaltig, und in vielfältiger Hinsicht diente die zwangsweise Landverschickung etwa der Rechtsabweichler als Strafmaßnahme des Staates. Die Gewährung von Sozialleistungen für einzelne Gruppen zu Beginn der Volksrepublik ließ sich aufgrund finanzieller Restriktionen nicht bedingungslos erweitern und führte zu zunehmend verbissen verteidigten Privilegienstrukturen. Für städtische Arbeiter hingen Gehalt, zugewiesene Wohnungsgröße oder Zugang zu Sozialleistungen entscheidend davon ab, ob sie als Zeitarbeiter oder Festangestellte tätig waren. Temporäre Fluktuationen etwa in der Anfangsphase des Großen Sprungs, als rund 30 Millionen ländliche Arbeiter in städtischen Fabriken angestellt wurden und in den frühen 1960er Jahren wieder zurückgeschickt werden sollten, bildeten den Anlass für zahllose Auseinandersetzungen, Streiks und Umgehungsversuche, etwa mittels der Instrumentalisierung persönlicher Netzwerke. Die Rücknahme von Privilegien führte stets zu enormen sozialen Verwerfungen in der Volksrepublik China.

Nicht zuletzt existierten Konflikte im Erziehungswesen. Auch hier spielte die unterschiedliche Gewichtung sozialer und politischer Faktoren bei der Klassenanalyse eine wichtige Rolle, da bei einer Betonung politischen Verhaltens auch Schüler mit schlechtem Klassenhintergrund bei guter Leistung Chancen auf den Zugang zu weiterführenden Schulen und ein Hochschulstudium besaßen. Dies galt insbesondere für Studienfächer, die als «geheim» oder «streng geheim» eingestuft wurden. Hierzu zählten kurz vor Ausbruch der Kulturrevolution alle Fächer mit internationaler Dimension wie fremdsprachige Philologien oder Ökonomie, aber auch Fächer wie Statistik oder Recht. Die schwankenden Vorgaben, die definieren sollten, ob politische Zuverlässigkeit am Klassenhintergrund oder am politischen Verhalten festzumachen seien, sorgten für Konfliktpotential unter den Jugendlichen, deren Zukunftschancen maßgeblich von der Handhabung dieser Vorgaben abhingen. Nach einer phasenweisen Betonung individuellen politischen Wohlverhaltens im Gefolge des Großen Sprungs hatte zwischen 1962 und 1964 der soziale Klassenhintergrund wieder eine größere Rolle gespielt, bevor Pekings Parteisekretär Peng Zhen 1965 erneut den Schwerpunkt auf politisches Verhalten legte. Pengs Diffamierung als Klassenfeind zu Beginn der Kulturrevolution sorgte in den ersten Monaten für heftige Kritik an dessen vermeintlicher Aufgabe der sozialen Ausnahmestellung der «roten» Klassen und der Privilegierung ihres Nachwuchses. Ferner begünstigte die Kritik an Peng das Aufkommen der sogenannten Blutlinien-Theorie, der zufolge familiäre Abstammung die politische Vertrauenswürdigkeit einer Person maßgeblich bestimme.

Schließlich bildete die staatliche Sanktionierung von Gewalt gegen vermeintliche Regimegegner im Rahmen der Massenkampagnen ein Umfeld, in welchem die Anwendung brutalster Maßnahmen als legitime Fortsetzung politischen Handelns galt. Die Unberechenbarkeit der politischen Ziele der Parteiführung sorgte zusätzlich für eine weitverbreitete Unsicherheit in der Bevölkerung und für größte Vorsicht in der Verbreitung persönlicher Standpunkte, die zu einem späteren Zeitpunkt negativ ausgelegt werden könnten.

Da es insbesondere im Gefolge des Großen Sprungs mit Aus-

nahme der «schwarzen Klassen» keine klar definierten innenpolitischen Gegner mehr gab, wurden diese routinemäßig als
Sündenböcke für jegliche Fehlentwicklung verantwortlich gemacht. Die Anfangsjahre der Kulturrevolution, als einzige Phase
des maoistischen China, in welcher Kritik an der Partei über
einen längeren Zeitraum möglich war, boten demzufolge eine
Vielzahl von Gelegenheiten, strukturelle Ungerechtigkeiten zu
benennen und persönliche Ziele innerhalb der Bewegung zu ver-
folgen.

III. Historische Allegorien und der Sturz des Parteiestablishments

Das Erscheinen eines Zeitungsartikels in der Shanghaier *Wen-
hui bao* am 10. November 1965, in welchem ein historisches
Theaterstück kritisiert wurde, gilt gemeinhin als Anlass der
Kulturrevolution. Diese Deutung geht auf Mao Zedong selbst
zurück, der in einem Gespräch mit einer albanischen Militär-
delegation im Mai 1967 äußerte: «Als Beginn der Großen Proletarischen Kulturrevolution in unserem Land sollte die Kritik
von Genosse Yao Wenyuan an [dem Theaterstück] ‹Hai Rui wird
aus dem Amt entlassen› im Winter 1965 betrachtet werden. Zu
dieser Zeit wurde unser Land in einigen Ministerien und Regionen von Revisionisten kontrolliert. Kein Wassertropfen, keine
Nadel konnte dort eindringen. Damals empfahl ich Genossin
Jiang Qing einen Artikel zu organisieren, der ‹Hai Rui wird aus
dem Amt entlassen› kritisiert. Aber in dieser roten Stadt hier
besaßen wir keine Macht und sie musste daher nach Shanghai
gehen, um das Schreiben zu organisieren. Nachdem der Artikel
geschrieben war, habe ich ihn dreimal gelesen und war der Ansicht, dass er im Wesentlichen fertig sei. Daraufhin beauftragte
ich Jiang Qing, ihn zu veröffentlichen.»

In China hat die Instrumentalisierung der Geschichte zur
Kritik an gegenwärtigen Zuständen eine lange Tradition. In der

Regel bedienten sich jedoch marginalisierte Individuen dieses Stilmittels, um staatliche Zensurvorschriften zu umgehen. Mao bewies eine gehörige Portion Chuzpe, als er als Parteiführer loyale Gefolgsleute zur Kritik am Parteiapparat ermunterte, um seine persönliche Machtstellung auszubauen und seine Vorstellung vom chinesischen Sozialismus umzusetzen. Im konkreten Fall fand Maos Frau Jiang Qing in Shanghai mit Yao Wenyuan einen fähigen und loyalen Propagandisten. Ferner war mit Zhang Chunqiao, einem von Mao protegierten Theoretiker der Shanghaier Parteiorganisation, eine weitere Schlüsselfigur der Kulturrevolution eng in die klandestine Entstehung des Artikels eingebunden. Gegenstand der Kritik war ein historisches Drama, welches der Historiker und stellvertretende Bürgermeister Pekings, Wu Han, während des Großen Sprungs verfasst hatte, ironischerweise auf Anregung von Mao Zedong, der im April 1959 die Feigheit zahlreicher Parteikader kritisiert hatte, nicht über die wahren Zustände in ihren Bezirken zu berichten. Das Stück portraitierte einen Beamten der Ming-Dynastie, der es stets gewagt hatte, dem Kaiser die ungeschönte Wirklichkeit zu übermitteln, ohne Rücksicht auf persönliches Wohlergehen. Ursprünglich als Warnung an nachgeordnete Parteikader gedacht, keine übertriebenen Statistiken an die Zentrale zu senden, wurde das Stück nunmehr in einen vollkommen anderen Kontext gestellt. Inhaltlich richtete sich die Kritik von Yao Wenyuans Artikel vor allem dagegen, dass Hai Rui als «Retter» der Bauern gegen staatliche Despotie geschildert werde und damit scheinbar seine eigenen Klassenbeschränkungen als Vertreter der feudalen Grundbesitzerklasse transzendiere. Die hieraus zu ziehende historische Lehre sei folgerichtig, dass es keiner gewaltsamen Revolutionen bedürfe, um die Produktionsverhältnisse zu verändern, sondern stattdessen ehrliche und aufrechte Beamte notwendig seien, die sich zu Advokaten der Unterdrückten machten. Eine mögliche Lesart hätte demzufolge den damaligen Verteidigungsminister Peng Dehuai als modernen Hai Rui stilisieren können, doch diese Deutung unterblieb einstweilen. Vielmehr kritisierte Yao Wenyuan, dass im Gefolge der «dreijährigen Naturkatastrophen», wie der Große Sprung euphemistisch abgetan wurde, versucht worden sei, die landwirtschaftliche Kollektivierung und damit die Errungenschaften der sozialistischen Revolution rückgängig zu machen. Dahinter verberge sich nichts anderes als der Versuch der alten Eliten, die proletarische Diktatur des Volkes umzustoßen und die Wiedererrichtung der alten Herrschaftsverhältnisse vorzubereiten. Das Stück «Hai Rui wird aus dem Amt entlassen» leiste diesen Entwicklungen ideologisch Vorschub. Gemäß dieser Lesart tobte auch im offiziell sozialistischen China noch immer ein scharfer Klassenkampf und alle Parteikader, die für die wirtschaftlichen Reformmaßnahmen im Gefolge des Großen Sprungs verantwortlich zeichneten, standen implizit als potentielle Klassenfeinde am Pranger.

Mao Zedong war sich der Implikationen des Artikels wohl bewusst. Er redigierte den Artikelentwurf mehrfach persönlich und befürwortete die Wahl Wu Hans als Ziel der Kritik aus taktischen Gründen, da dieser dem Pekinger Parteiapparat unter Führung Peng Zhens angehörte. Peng wiederum war aus zwei Gründen von zentraler Bedeutung für die Kritik Mao Zedongs. Einerseits war er ein treuer Parteisoldat, der Loyalität gegenüber der Partei höher einordnete als persönliche Treue gegenüber Mao Zedong und damit für Letzteren ein Repräsentant des «liuistischen» Systems. Zum anderen war Peng Vorsitzender der 1964 ins Leben gerufenen «Fünfer-Gruppe Kulturrevolution», die gemäß der Forderung Mao Zedongs die Säuberung des kulturellen Sektors von bourgeoisem Gedankengut vorantreiben sollte. Peng war keineswegs ein willfähriges Werkzeug in Maos Händen, was den Nutzen der Gruppe für dessen Pläne erheblich einschränkte. Mit der Kritik an Wu Han geriet erstmals ein bedeutender Repräsentant der Pekinger Parteiführung ins Visier der Säuberungskampagne. Mao Zedong hatte Peng Zhen einen Monat vor Veröffentlichung des Artikels gefragt, ob Kritik an Wu Han statthaft sei und Peng hatte zugestimmt. Die öffentliche Stigmatisierung seines Untergebenen als verdecktem Klassenfeind ging jedoch deutlich über das Maß dessen hinaus, was Peng Zhen erwartet hatte. Über Maos enge Beteiligung an der Abfassung des Artikels wurde er erst nachträglich informiert und so verhinderte Peng zunächst den Wiederabdruck in Pekinger Zeitungen, um die Angelegenheit intern zu regeln. Als der Druck zur Publikation zunahm, ließ er den Artikel als akademisches Problem diskutieren und zahlreiche prominente chinesische Historiker wiesen die Verzerrung historischer Fakten in Yaos Polemik nach. Selbst nachdem ihm Mao im Dezember 1965 persönlich mitteilte, dass es sich bei der Figur des Hai Rui um eine historische Allegorie des 1959 geschassten Verteidigungsministers Peng Dehuai und seiner Kritik am Großen Sprung handele, beharrte Peng Zhen darauf, dass diese Deutung einer faktischen Grundlage entbehre, dass Wu Han keinerlei Kontakte zum vormaligen Verteidigungsminister unterhalte und «im Angesicht der Wahrheit jeder Mensch gleich» sei. Diese Sichtweise bekräftigte die «Fünfer-Gruppe Kulturrevolution» unter Peng schriftlich in einem als «Februar-Richtlinie» bekannten Rundschreiben, das wenige Monate später zu einem wesentlichen Beweisstück von Peng Zhens angeblich revisionistischer Einstellung erhoben wurde und ihn seine Ämter kostete.

Mao Zedong bediente sich bewusst einer öffentlich ausgetragenen Debatte über ein historisches Theaterstück, um die Fortdauer des Klassenkampfes im Bereich der Ideologie auch nach der sozialistischen Umgestaltung der Eigentumsverhältnisse zu veranschaulichen. Er folgte damit seiner auf dem 10. Parteitag im September 1962 ausgegebenen Maxime: «Wer immer beabsichtigt, eine Regierung zu stürzen, muss erst die öffentliche Meinung entsprechend einstimmen und sich im Bereich der Ideologie und des Überbaus einsetzen.» Die interpretatorische Ambivalenz literarischer Werke ermöglichte es ihm, auch bislang unbescholtene Parteikader zu Klassenfeinden zu stilisieren. Gleichzeitig schuf die Diskussion ein politisches Klima, in welchem jede Äußerung auf ihren potentiell konterrevolutionären Gehalt zu überprüfen war. Einziger Referenzpunkt der Unterscheidung wurden hierbei Mao Zedong und sein Schriftgut.

Gezielte Putsche

Als erfahrener Revolutionsführer beschränkte Mao Zedong die Vorbereitungen seiner «letzten Revolution» (MacFarquhar/ Schoenhals) nicht auf ideologische Debatten, sondern nutzte auch Intrigen und Putsche, um Schlüsselpositionen im Parteiapparat neu zu besetzen. Dem Sturz Peng Zhens im Mai 1966 ging die Absetzung einer Reihe hochrangiger Partei- und Militärführer voraus. Während Mao sich auf eine halbjährige Reise nach Ost- und Südchina begab, entfachte er über von Mittelsmännern überbrachte Botschaften, durch audienzähnliche Treffen mit ausgewählten Parteikadern und schriftliche Kommentare einen stetig ansteigenden Druck auf die Parteizentrale in Peking. Noch am gleichen Tag der Veröffentlichung von Yao Wenyuans Artikel wurde auf Wunsch Maos mit Yang Shangkun der Leiter des Allgemeinen Büros des Zentralkomitees ohne Angabe von Gründen strafversetzt. Das Amt war als Schlüsselstelle der Verteilung innerparteilicher Kommunikation von herausragender Bedeutung für die Kontrolle des Parteiapparats. Mao besetzte die Stelle mit seinem ehemaligen Leibwächter Wang Dongxing. Im Dezember wurde der Stabschef der Volksbefreiungsarmee Luo Ruiqing unter dem fadenscheinigen Argument, er habe unzureichendes Gewicht auf die politische Ausrichtung der Truppen gelegt sowie Lin Biao die Armeeführung streitig machen wollen, des Amtes enthoben. Treibende Kraft hinter der Entlassung waren Lin Biao selbst sowie seine Frau Ye Qun, denen die Unabhängigkeit Luos ein Dorn im Auge war. Als Luo nach Monaten innerparteilicher Kritiksitzungen im März 1966 einen Selbstmordversuch unternahm, trug ihm dessen Scheitern Spott und Häme von Mao, Liu und auch Deng Xiaoping ein, die ihm empfahlen, das nächste Mal mit dem Kopf zuerst aus dem Fenster zu springen. Selbstmord galt als ultimativer Ausdruck des Verrats an den Parteiprinzipien. Anders als in der Kommunistischen Partei der Sowjetunion zu Zeiten Stalins hatten selbstzerfleischende Machtkämpfe die chinesische Situation bis dato nicht gekennzeichnet. Vielmehr war die Führungsspitze seit den frühen 1940er Jahren relativ geschlossen geblieben, von

Ausnahmen wie der Affäre um Gao Gang und Rao Shushi sowie dem Sturz Peng Dehuais 1959 abgesehen. Sowohl Yang als auch Luo waren Teil des alten Führungskollektivs. Bei klarem Zweifel an den Anschuldigungen oder direktem Widerspruch hochrangiger Parteiführer wäre Mao zweifellos in Rechtfertigungsdruck geraten. Es spricht für seine außergewöhnliche Machtstellung und das nach wie vor hohe Ansehen Mao Zedongs in der Partei, dass seine willkürlichen Anschuldigungen fraglos akzeptiert wurden und selbst die Beschuldigten die Fehler bei sich selber suchten. Aber auch Taktik und Geheimhaltung seiner eigentlichen Absichten sogar vor seinen engsten Vertrauten garantierten den Erfolg von Maos schrittweiser Schwächung der Pekinger Parteizentrale.

Nachdem Mao Peng Zhen mit der Leitung der Untersuchungskommission im Fall Luo Ruiqing betraut und ihm somit Vertrauen vorgegaukelt hatte, verschärfte er im März die Attacken. Weitere Personen aus dem Umfeld Pengs gerieten in die Kritik, darunter auch Deng Tuo, prominenter Politiker und einer der Autoren einer satirischen Kolumne namens «Drei-Familien-Dorf», die zu Beginn der 1960er Jahre eine große Leserschaft auch in hohen Parteikreisen gehabt hatte. Auf einer Politbürositzung in Hangzhou stellte Mao die Behauptung auf, dass große Teile des Erziehungssektors ebenso wie der Bereich der Kultur von Vertretern der Bourgeoisie übernommen worden seien. Wenige Tage später forderte er in kleinem Kreis die Auflösung der Zentralen Propagandaabteilung, des Pekinger Parteikomitees sowie der «Fünfer-Gruppe Kulturrevolution» unter Peng, da diese den revisionistischen Entwicklungen Vorschub geleistet hätten. Mao kehrte damit zu den ominösen Warnungen des Vorjahres zurück, als er Provinzführer aufgefordert hatte, gegenüber der Zentrale zu rebellieren, falls sich dort revisionistische Tendenzen abzeichneten. Nunmehr rief er zur Rebellion auf, zunächst allegorisch durch Preisung der mythischen Figur des anarchischen Affenkönigs Sun Wukong aus dem beliebten ming-zeitlichen Roman «Die Reise nach Westen». Die von Peng verantwortete «Februar-Richtlinie» wurde von Mao verworfen und durch ein im Namen von Jiang Qing und Lin

Biao herausgegebenes Dokument über die Bedeutung der Kulturarbeit im Militär ersetzt. In diesem Schriftstück wurden die Entwicklungen im Kultursektor seit Gründung der Volksrepublik als Ausdruck eines scharfen Klassenkampfes beschrieben, in welchem sich die Linie der Bourgeoisie durchgesetzt habe und nunmehr durch eine «sozialistische Kulturrevolution» niedergeworfen werden müsse.

Die Ereignisse kulminierten auf einer erweiterten Sitzung des Politbüros, die vom 4. bis 26. Mai 1966 in Peking in Abwesenheit Mao Zedongs stattfand, geleitet vom gerade erst von einer langen Auslandsreise zurückgekehrten Liu Shaoqi. Vier prominenten Parteikadern, Yang Shangkun, Luo Ruiqing, Peng Zhen sowie dem Leiter der Zentralen Propagandaabteilung Lu Dingyi, wurde vorgeworfen, eine konterrevolutionäre Vereinigung gebildet und einen Putschversuch geplant zu haben. Im Falle Lu Dingyis spielte neben dem strategisch bedeutsamen Amt insbesondere dessen persönliches Zerwürfnis mit Lin Biao eine wesentliche Rolle. Lus psychisch instabile Frau hatte offenbar Lins Frau in mehreren Briefen sexuelle Umtriebigkeit vorgeworfen, was Lin Biao zu dem bizarren Schritt trieb, den versammelten Politbüromitgliedern die Jungfräulichkeit seiner Frau bei Eheschließung zu versichern. Die völlig aus der Luft gegriffenen Anschuldigungen der Bildung einer konterrevolutionären Clique wurden von Vertrauten Mao Zedongs, darunter der ehemalige Geheimdienstchef Kang Sheng sowie Maos vormaliger Sekretär Chen Boda und Verteidigungsminister Lin Biao, vorgetragen. Neben dem Verweis auf die militärischen Vorbereitungen zur Vermeidung eines Putsches in der Hauptstadt tat sich Lin Biao mit einer Verherrlichung Maos hervor, die alle bis dahin üblichen Konventionen des Führerkults sprengte. Lin hatte seit seinem Amtsantritt den Personenkult um Mao im Militär stetig vorangetrieben und dabei auf ritualisierte Formen der Verehrung gesetzt, was sowohl im Militär als auch in der Partei auf Kritik gestoßen war. Nun aber verkündete er: «Jeder Satz Mao Zedongs ist die Wahrheit. Ein Satz von ihm übertrifft zehntausend Sätze von uns.» Die Grenze zwischen Revolution und Konterrevolution sei am ernsthaften, problembezogenen und «lebendigen» Studium der Schriften Maos zu erkennen. Wer immer es wage, Mao zu kritisieren oder wie Chruschtschow nach dem Tod Stalins eine Geheimrede zu halten, der solle von der ganzen Partei und dem ganzen Land verurteilt und hingerichtet werden.

Widerspruchslos verabschiedete das Gremium die vorgelegten Schriftstücke, darunter die «Mitteilung des 16. Mai», den Startschuss der Kulturrevolution, auch wenn vieles im Vagen blieb und im Dokument uneinheitlich sowohl von einer «sozialistischen» als auch einer «proletarischen» Kulturrevolution gesprochen wurde. Das Schriftstück war von einer Gruppe aus handverlesenen Getreuen Mao Zedongs unter offizieller Leitung Chen Bodas verfasst und von Mao in wesentlichen Aspekten ergänzt worden. Die Mitglieder dieser Gruppe, darunter Kang Sheng, Jiang Qing, Zhang Chunqiao, Yao Wenyuan sowie jüngere Propagandisten wie Wang Li, Qi Benyu und Guan Feng, wurden kurz darauf offiziell zur neuen, am Zentralkomitee angesiedelten «Zentralen Gruppe Kulturrevolution» erhoben, einer der mächtigsten und gefürchtetsten Institutionen der folgenden Jahre, die einzig und allein Mao Zedong zu Diensten war. Die «Mitteilung des 16. Mai» richtete sich in erster Linie gegen Peng Zhen und seinen Umgang mit der Wu-Han-Affäre. Peng wurde die bewusste Unterminierung sozialistischer Standpunkte und die Propagierung bourgeoisen Gedankenguts im Namen der Partei vorgeworfen. Damit firmierte er als prominentester Vertreter «bourgeoiser Elemente», welche die Partei infiltriert und den Umsturz geplant hätten. Mao selbst fügte den schärfsten Passus in das Dokument ein: «Sobald die Bedingungen reif sind, werden sie die politische Macht ergreifen und die Diktatur des Proletariats in einer Diktatur der Bourgeoisie verwandeln. Einige von ihnen haben wir bereits erkannt; andere noch nicht. Einigen von ihnen vertrauen wir noch immer und einige werden von uns als Nachfolger aufgebaut, etwa Personen wie Chruschtschow, die sich noch immer neben uns eingenistet haben.» Zu diesem Zeitpunkt waren gemäß eigener Aussage selbst engste Gefolgsleute Maos wie Kang Sheng oder Zhang Chunqiao im Unklaren darüber, auf wen jener mit diesen düsteren Andeutungen anspielte. War mit Peng Zhen der schlimmste Repräsentant der Bourgeoisie bereits enttarnt? Mao schürte bewusst Unsicherheit unter seinen Parteigenossen. Die Kulturrevolution, so das Dokument, sei entscheidend für die Zukunft von Partei und Staat. Derzeit müsse der Kampf aber primär an der ideologischen Front gegen «reaktionäre akademische Autoritäten» an Hochschulen oder im Publikationswesen geführt werden. Auch wenn das Dokument keine weiteren Namen nannte und einstweilen nur innerhalb der Partei zirkulierte, bezogen eine Reihe prominenter Parteimitglieder die Zeilen auf sich und entzogen sich den drohenden Kritiksitzungen durch Selbstmord, darunter Deng Tuo und Maos vormaliger Sekretär Tian Jiaying.

Es muss verwundern, dass gestandene Revolutionäre wie Ministerpräsident Zhou Enlai, Parteisekretär Deng Xiaoping oder Staatspräsident Liu Shaoqi, die sich von den Machtverschiebungen keine weitere Statuserhöhung erhoffen konnten, die willkürlichen Putsche nicht nur mittrugen, sondern in führender Position durchsetzten. Die Radikalisierung des innenpolitischen Klimas seit 1962 hatte zweifellos dazu beigetragen, Klassenfeinde auch innerhalb der Partei zu vermuten, zumal die Furcht vor Unterwanderung durch den Klassenfeind seit den späten 1920er Jahren zur gängigen Wahrnehmung der Parteiführung gehörte. Unsicherheit und Selbstschutz in Anbetracht von Mao Zedongs unberechenbaren Launen spielte in einigen Fällen ebenfalls eine Rolle. Nicht zuletzt entsprang die Haltung aber einem über Jahrzehnte gewachsenen Pflichtethos, der Vorstellung, die Sache der Partei auch in schwierigsten Zeiten verteidigen zu müssen und keinen Verrat am gemeinsamen Ziel der chinesischen Revolution zu begehen. Zhou Enlai verwies während der Politbürositzung im Mai 1966 explizit auf das Beispiel des früheren Parteiführers Qu Qiubai, der sich an seinem Lebensende vom Kommunismus abgewandt und die Partei verraten habe. Er forderte sogar explizit die Entfernung der sterblichen Überreste Qus vom Parteifriedhof in Babaoshan, ein Wunsch, dem wenig später mit der Schändung des Grabes durch Rotgardisten Genüge getan wurde. Zhou und auch Lin

Biao griffen in ihren Reden damit ein Thema auf, das Mao Zedong zuvor am Beispiel des vorgeblichen Überlaufens des «Treuekönigs» Li Xiucheng, eines Führers der Taiping-Bewegung Mitte des 19. Jahrhunderts zu den Truppen der Qing-Dynastie, geprägt hatte: «Wer seine Integrität im Alter nicht wahrt, taugt nicht als Vorbild». Auch Lis Grab wurde von Rotgardisten später zerstört. Das Bewahren der Treue gegenüber Mao Zedong als Führer der Kommunistischen Partei bis zum bitteren Ende blieb für zahlreiche Parteikader der Leitkodex, selbst, als sich die Kulturrevolution gegen viele der Parteiführer selbst richtete.

Aufruhr an Schulen und Universitäten

Mit Abschluss der Politbürositzung wurden die Ämter der Geschassten in Partei und Militär mit Getreuen Mao Zedongs neu besetzt und das politische Klima veränderte sich rasant. Die «Volkszeitung», nunmehr geleitet von einer Arbeitsgruppe unter der Führung Chen Bodas, verschärfte den Ton am 1. Juni mit einem dämonisierenden Leitartikel, der ankündigte, alle «Ochsengeister und Schlangengötter» hinwegzufegen. Mit diesem Ausdruck hatte Mao im Jahr 1957 erstmals versteckte Parteikritiker bezeichnet. Der Artikel forderte die Zerschlagung der «vier Alten» und die Etablierung der «vier Neuen», jeweils bezogen auf Denkweisen, Kultur, Sitten und Gebräuche. Der Artikel wiederholte frühere Andeutungen, die Mao im April 1966 geäußert hatte, als er davon sprach, dass ohne Zerstörung nichts Neues geschaffen werden könne. Vielmehr wohne dem Akt der Zerstörung bereits die Geburt des Neuen inne.

Zu den Akteuren der Zerstörung in den folgenden Monaten wurden die «Roten Garden», Zusammenschlüsse jugendlicher Aktivisten, die sich erstmals Ende Mai in Peking formierten, aber erst im Laufe des Monats August zu einem nationalen Phänomen werden sollten. Während diese ersten Zusammenschlüsse spontan erfolgten, war es erneut Mao Zedong, der dafür sorgte, dass sich die Kritik von internen Parteisitzungen zu einer Massenbewegung an den Schulen und Universitäten des Landes ausweitete. Am 2. Juni druckte die «Volkszeitung» auf persönliche Anweisung Maos den Inhalt einer Wandzeitung ab, die wenige Tage zuvor an der Peking-Universität für Furore gesorgt hatte. Darin beschuldigten sieben Dozenten des Instituts für Philosophie prominente Vertreter der Universitätsleitung des Revisionismus, da diese sich weigerten, offene Kritik zuzulassen und eine Mobilisierung der Massen verhinderten. Der Artikel rief alle «revolutionären Intellektuellen» auf, in den Kampf zu ziehen, das Banner der Mao-Zedong-Ideen hochzuhalten und die Schikanen der Revisionisten nicht länger zu tolerieren. Der offene Aufruf zum Sturz lokaler Parteiautoritäten erhielt zusätzliches Gewicht durch einen Leitartikel der «Volkszeitung», der die Wandzeitung in höchsten Tönen pries. Intern bezeichnete Mao das Dokument gar als Manifest der Pekinger Kommune der 1960er Jahre, die selbst die Pariser Kommune von 1871 übertreffe.

Als Folge des landesweit verbreiteten Aufrufs zum Sturz «reaktionärer akademischer Autoritäten» entwickelten sich alsbald chaotische Zustände an den Bildungseinrichtungen. Zehntausende von Wandzeitungen mit Kritik an unterschiedlichsten Aspekten des Bildungswesens, insbesondere aber an einzelnen Vertretern des Lehr- und Verwaltungspersonals, erschienen allein im Juni. Zu besonders prominenten Wandzeitungen entwickelte sich ein regelrechter Lesetourismus, insbesondere nachdem am 13. Juni der Schul- und Universitätsbetrieb in ganz China eingestellt worden war und die knapp 120 Millionen Schüler und Studenten keine andere Verpflichtung mehr hatten, als am «Klassenkampf» teilzunehmen. Die Situation war in höchstem Maße ungewöhnlich für eine sozialistische Parteidiktatur. Weder die verbliebene Parteiführung um Liu Shaoqi und Deng Xiaoping, denen der immer noch abwesende Mao Zedong nur sporadisch und selektiv Antworten auf ihre Fragen übermittelte, noch die Bevölkerung hatten eine klare Vorstellung davon, um was es sich bei dieser Bewegung handelte und was die eigentlichen Ziele der Kritik waren. Mao hatte seine Kollegen bereits während der Hundert-Blumen-Kampagne mit der Forderung nach Kritik an der Partei durch Nicht-Parteimitglieder brüskiert, dies jedoch später als taktische Finte zur Enttarnung von Kritikern ausgegeben. Zunächst erwarteten viele Parteikader im Sommer 1966 ein ähnliches Vorgehen und vermerkten vermeintlich reaktionäre Äußerungen in den jeweiligen Personenakten der Schüler und Studenten. Um die Situation nicht gänzlich außer Kontrolle geraten zu lassen, hatte das Politbüro am 3. Juni entschieden, Arbeitsgruppen mit hochrangigen Kadern an die Bildungseinrichtungen zu schicken, um dort temporär die Leitung der Institutionen zu übernehmen. Die Entsendung von Arbeitsgruppen war der übliche Modus zur Umsetzung von Kampagnen in der Vergangenheit gewesen und da Mao sein Einverständnis hinsichtlich der Entsendung einer Arbeitsgruppe an die Peking-Universität gegeben hatte, hielten die anderen Politbüromitglieder dies für ein sicheres Vorgehen.

Die Arbeitsgruppen mussten ohne klare Vorgaben auskommen und versuchten zuallererst, die Gewalt zu unterbinden und die Ordnung aufrechtzuerhalten. An manchen Universitäten stellten sich die Arbeitsgruppen auf Seiten der Kritiker und entmachteten die alte Führung. In anderen Einrichtungen versuchten die Arbeitsgruppen, ihre Parteigenossen weitgehend zu schützen und maßregelten rebellische Studenten harsch. An einigen Pekinger Universitäten wurden die Arbeitsgruppen sogar vertrieben und kurz darauf durch neue Einheiten ersetzt. Es entwickelten sich lokal sehr unterschiedliche Dynamiken, welche die weitere Entwicklung maßgeblich prägten und Generalisierungen über die soziale Zusammensetzung der entstehenden Konfliktparteien problematisch machen. Ein prominenter Fall ereignete sich an der Qinghua-Universität, an welcher die Arbeitsgruppe zwar harsche Maßnahmen gegen die alte Führung ergriff, sich das Heft des Handelns aber von Vertretern der Studenten nicht aus der Hand nehmen lassen wollte. Kritiker, insbesondere der Studentenführer Kuai Dafu, rebellierten gegen die erneute Bevormundung und wurden daraufhin als Reaktionäre und Rechtsabweichler gebrandmarkt. Die Kategorisierung hätte unter normalen Umständen ein Leben als gesellschaftlicher Paria zur Konsequenz gehabt, wäre es nicht kurz darauf zu einer Neubewertung der Gesamtsituation durch Mao Zedong gekommen. Währenddessen flammten an der Peking-Universität Mitte Juni Streitigkeiten über die Rechtmäßigkeit des Einsatzes von Gewalt auf. Obgleich physische Gewalt die Kritik bereits in den ersten Tagen begleitet hatte und auch die dortige Arbeitsgruppe vor Demütigungen und körperlichen Schikanen nicht zurückgeschreckt war, entzündete sich an einer ohne Genehmigung vollzogenen gewaltbetonten Kritiksitzung ein heftiger Disput über den Grad freier Mobilisierung und die Unterwanderung der Bewegung durch Hooligans, welche die Situation zu sinnloser Gewaltanstiftung und sexuellen Übergriffen nutzten. Die Arbeitsgruppe versuchte die Kontrolle an sich zu reißen, sah sich jedoch mit dem Vorwurf konfrontiert, die Ereignisse bewusst aufzubauschen, um unter diesem Vorwand die Massenbewegung zu unterdrücken. Ohne klare Anweisungen der Parteizentrale ließen sich die Konflikte kaum mehr eindämmen.

Großes Chaos unter dem Himmel

Mitte Juli war die Situation landesweit bereits heillos verfahren. Während Liu Shaoqi und Deng Xiaoping versuchten, die Kontrolle zu bewahren und insbesondere die Kulturrevolution nicht auf den Wirtschaftssektor übergreifen zu lassen, bereitete Mao Zedong seine Rückkehr nach Peking vor. Nachdem er sich von Ostchina aus in seinen Heimatort Shaoshan in Hunan und von dort nach Wuhan begeben hatte, verfasste Mao einen Brief an seine Frau Jiang Qing. Der Brief vom 8. Juli, der nur in einer später redigierten Version überliefert ist, zählt zu den aufschlussreichsten Dokumenten über Maos Motive, die Kulturrevolution zu entfesseln, gemeinsam mit Anmerkungen, die Mao gegenüber dem albanischen Ministerpräsidenten Mehmet Shehu am 5. Mai 1966 machte. Gegenüber Shehu hatte Mao bereits die Möglichkeit eines Putsches hervorgehoben. Auch wies er darauf hin, dass nach seinem Tod in China ein «substantieller» Wandel, die Wiedereinführung des Kapitalismus, eintreten könne, da sich gemäß des dialektischen Prinzips die Dinge immer auch in ihr Gegenteil verkehren könnten. All dies geschehe unabhängig vom Willen eines einzelnen politischen

Führers, was aber nicht bedeute, dass man keine Vorkehrungen treffen könne. In seinem Brief an Jiang Qing, den Mao unter anderem auch Lin Biao und Zhou Enlai zu lesen gab, betonte er ebenfalls die Unmöglichkeit, alles zu kontrollieren, bezog dies jedoch vor allem auf den rasant gewachsenen Personenkult, seitdem ihn Lin Biao offiziell als unfehlbar dargestellt hatte. Auch wenn er selber nicht an die magische Wirkung seiner Schriften glaube, dienten sie doch einem guten Zweck: der Mobilisierung der Bevölkerung zur Abwehr revisionistischen Gedankenguts. Aus diesem Grund habe er der Propagierung des Kults stattgegeben und erstmals in seinem Leben in einer Prinzipienentscheidung entgegen seiner Überzeugung gehandelt. Die Kulturrevolution stelle eine Art nationales Übungsmanöver gegen den drohenden Umsturz dar; ein Übungsmanöver, das in Zukunft alle sieben bis acht Jahre wiederholt werde müsse. Es gelte «großes Chaos unter dem Himmel» zu schaffen, um zu einem Zustand «großer Ordnung» zu gelangen.

Am 16. Juli 1966 nahm Mao bei Wuhan an einem Schwimmwettbewerb zur Überquerung des Yangzi teil und demonstrierte als 72-Jähriger seine ungebrochene physische Kraft. Zehn Tage später berichteten die Zeitungen landesweit über das Ereignis und dichteten Mao eine Leistung an, die den Präsidenten des Weltschwimmverbands dazu veranlasste, Mao einzuladen, um die phänomenale Zeit unter kontrollierten Bedingungen zu wiederholen. Aber Mao zielte nicht auf das internationale Echo, sondern auf die triumphale Rückkehr auf die nationale Bühne, die er aus eigenem Antrieb für rund ein halbes Jahr gemieden hatte. Er hielt in Peking bewusst Distanz zu Liu Shaoqi und Deng Xiaoping und bezeichnete die Entsendung der Arbeitsgruppen als schweren Fehler, da sie die Studentenproteste unterdrückt hätten. Hierbei handelte es sich um ein abgekartetes Spiel, da Mao die zahlreichen Anfragen in dieser Sache während seiner Abwesenheit bewusst in der Schwebe gelassen hatte. Einzig Zhou Enlai hatte sich aufgrund von Warnungen aus dem Kreis von Maos Getreuen von der Thematik ferngehalten und sich durch unterwürfige Anbiederung dem «Großen Vorsitzenden» weiter als fähiger Verwalter der Tagespolitik empfohlen.

Am 28. Juli beschloss das Politbüro, die Arbeitsgruppen abzuziehen. Im Rahmen eines auf Maos Anordnung hastig anberaumten Plenums des Zentralkomitees versuchten Liu und Deng vergeblich die üblichen Routinen beizubehalten. Mao unterminierte kontinuierlich die Autorität der Parteizentrale. Am 1. August beantwortete er öffentlich einen Brief von Mittelschul-Rotgardisten und sicherte ihnen unumschränkte Unterstützung zu: Gegenüber Reaktionären sei «Rebellion gerechtfertigt», ein Schlagwort, das zum zentralen Kampfbegriff der Kulturrevolution werden sollte. Auch intern griff Mao zu ungewöhnlichen Schritten. Nachdem er die Linie der Parteiführung in der jüngeren Vergangenheit als «pseudo-marxistisch» und nur dem Namen nach auf dem Willen der Massen beruhend charakterisiert hatte, verfasste er eine eigene «Wandzeitung», die führenden Genossen vorwarf, eine Diktatur der Bourgeoisie errichtet und die «laute und spektakuläre Kulturrevolutionsbewegung» unterdrückt zu haben. Als am Ende der Plenartagung die neue Führungshierarchie verkündet wurde, ließen sich die veränderten Machtverhältnisse unmittelbar erkennen: Lin Biao ersetzte Liu Shaoqi als Nachfolger Maos und wurde zum alleinigen stellvertretenden Vorsitzenden der Partei ernannt. Deng Xiaoping und Liu Shaoqi blieben zwar noch Mitglieder des Politbüros, wurden aber deutlich zurückgestuft. Da das Politbüro seine Tätigkeit nach dem Plenum nicht mehr regulär aufnahm, handelte es sich um eine symbolische Demonstration der neuen Machtverhältnisse. Die Führung der Kulturrevolution lag nunmehr in Maos eigenen Händen. Hierbei wurde er unterstützt von der Zentralen Gruppe Kulturrevolution, dem verbliebenen Staatsapparat unter Führung Zhou Enlais und der Armeeführung um Lin Biao.

Wenn das Ziel der Kulturrevolution für Mao Zedong einzig in einem Zugewinn an persönlicher Macht bestanden hätte, so wäre es zu diesem Zeitpunkt bereits erreicht gewesen. Mao verfolgte jedoch weitergehende Pläne, die mit der Verabschiedung des «Beschlusses des Zentralkomitees bezüglich der Großen Proletarischen Kulturrevolution» am 8. August 1966 und der Propagierung des Dokuments am folgenden Tag in der «Volkszeitung» ihre prägnanteste öffentliche Formulierung fanden. Das Dokument beinhaltete 16 Abschnitte und firmiert daher unter dem Namen «16-Punkte-Programm». Aufgrund unterschiedlicher Einflussnahmen und eines gewundenen Entstehungsprozesses handelte es sich nicht um ein logisch kohärentes Manifest, sondern die Rhetorik schwankte zwischen Anstiftung zur Rebellion und Aufrechterhaltung der Ordnung in zentralen Bereichen wie Wirtschaft und Militär. Die Kulturrevolution wurde als Bewegung definiert, welche die Menschen «in ihren Seelen» berühre. Ziel sei es, die «geistige Einstellung der gesamten Gesellschaft» zu transformieren, um einer Unterwanderung durch bourgeoises Gedankengut dauerhaft zu widerstehen. Hierzu sei eine fundamentale Reform des Erziehungssystems notwendig, inklusive Verkürzung der Schulzeit, der Verbindung von geistiger und körperlicher Arbeit sowie militärischem Drill. Bereits der erste Unterpunkt beschrieb eine doppelte Gegnerschaft: «Machthaber innerhalb der Partei, die den kapitalistischen Weg eingeschlagen haben» sowie «reaktionäre bourgeoise akademische Autoritäten». Die darin enthaltene Ambiguität, die sowohl Parteiführer als auch Vertreter des alten Kulturestablishments als Kritikobjekt benannte, sorgte von Beginn an für eine konzeptionelle Unschärfe, die Mao zu diesem Zeitpunkt möglicherweise bewusst einkalkulierte, die im Verlauf der Bewegung aber zu weitreichender Verwirrung führte. Die Praxis der Kritik mittels Wandzeitungen durch Vertreter der revolutionären Massen, ohne Einsatz von Gewalt, wurde als Hauptströmung der Kampagne definiert. Die Massen sollten sich im Prozess der Bewegung selbst erziehen, aus ihren Fehlern lernen und nicht durch Parteiverbote eingeschränkt werden. Obzwar das Dokument vermeintlich revisionistische Parteikader scharf kritisierte, wurde die «überwiegende Mehrheit» der Kader als verlässlich definiert. Namentliche Kritik sei erst nach Genehmigung durch die jeweils zuständigen Parteikomitees statthaft, externe Kritik an der Volksbefreiungsarmee blieb gänzlich untersagt. Als Bindeglied zwischen Partei und Massen pries das Dokument die aus der Bewegung «neu hervorgegangenen Dinge»: kulturrevolutionäre Zusammenschlüsse und Institutionen, deren Zusammensetzung in Anlehnung an die Pariser Kommune durch allgemeine Wahlen bestimmt werden sollte. Konkrete Hinweise über Organisation und Ablauf der Wahlen wurden nicht genannt, ebenso wenig, wie es mit der Legitimation der neuen Institutionen bestellt war. In Anbetracht der Konflikte um die Rolle der Arbeitsgruppen, die einen Teil der Studenten bevorzugt hatten, die nunmehr die Wahlen zu den neuen Gremien dominierten, wurde dies zu einem Kernproblem der folgenden Monate, welches die Massenbewegung in unterschiedliche Lager spaltete. Die Kulturrevolution wurde als primär städtische Bewegung definiert, die jedoch nicht in Opposition zur wirtschaftlichen Produktion treten solle. Richtschnur allen Handelns schließlich seien die Ideen Mao Zedongs, die situationsgemäß angepasst und ausgelegt werden sollten. Was konkret mit dem keineswegs kohärenten Gedankengut Maos gemeint war, blieb ebenfalls im Unklaren, da die «kreative» und «angewandte» Umsetzung betont wurde.

Die äußerst vagen, teils widersprüchlichen Aussagen des «16-Punkte-Programms» warfen einen langen Schatten auf die folgenden Ereignisse. Sie ließen keinen verlässlichen Rückschluss darauf zu, woher die postulierte Wiederkehr revisionistischer Denkweisen und politischen Handelns rührte. Waren sie eine Konsequenz der über Jahrtausende gewachsenen sozialen und religiösen Traditionen Chinas, wie es an einer Stelle des Dokuments hieß, also insbesondere des Konfuzianismus? Waren es verdeckte Feinde, die sich in die Partei eingeschlichen hatten? Oder waren die Ursachen vielmehr systemischer Natur und nur durch neue Institutionen und neue Formen der Repräsentation zu lösen, worauf der Terminus der «neu hervorgegangenen Dinge» anspielte? Was das «16-Punkte-Programm» deutlich machte, war hingegen, dass die Kulturrevolution nicht als Revolution im Sinne eines fundamentalen Umsturzes der Parteiherrschaft als solcher konzipiert war, sondern vielmehr als reformistische Bewegung. Sie zielte dabei auf den gesamten «Überbau», nicht nur auf Kultur und Wertvorstellungen, sondern auch auf staatliche Institutionen und das Rechtssystem. Wie Maurice Meisner prägnant formulierte, schien Mao damit das Marx'sche Credo, dass das Sein das Bewusstsein bestimme, auf den Kopf gestellt zu haben und durch eine «Proletarisierung» des Überbaus den Sieg des Sozialismus in China langfristig sichern zu wollen. In vielerlei Hinsicht knüpfte die Kulturrevolution damit an die Ausrichtungskampagne und die verklärten Traditionen der Yan'an-Zeit an, allerdings mit dem Unterschied, dass es sich nicht um eine parteiinterne Kampagne, sondern um eine gesamtgesellschaftliche Reformbewegung handelte. Die unklar kommunizierten Ziele sorgten von Beginn an für divergierende Motive der Akteure und mit der partiellen Zerschlagung der Parteibürokratie besaß die verbliebene Führung nur noch begrenzte Steuerungsmöglichkeiten, zumeist in Form «höchster Anweisungen» Mao Zedongs oder aber mittels militärischer Gewalt als *ultima ratio*.

IV. Kulturrevolution

Führerkult und Roter Terror

Wenn im allgemeinen Sprachgebrauch von «der Kulturrevolution» gesprochen wird, so beziehen sich die Aussagen in der Regel auf Ereignisse aus dem Spätsommer des Jahres 1966, als Millionen von Rotgardisten in Peking dem «Großen Vorsitzenden» huldigten, religiöse Artefakte und alte Kulturobjekte zerstörten und vermeintliche Klassenfeinde demütigten oder gar zu Tode prügelten. All diese Dinge entsprechen der Realität und prägten das öffentliche Bild der Bewegung, aber sie sind nur ein Ausschnitt weitaus komplexerer Vorgänge, welche die turbulente Massenphase der Kulturrevolution zwischen August 1966 und dem Herbst 1968 kennzeichneten. Zu den bedeutendsten Akteuren der frühen Kulturrevolution gehörten die Roten Garden. Der Begriff wird oft analytisch unscharf zur Beschreibung jeglicher Art von Zusammenschlüssen jugendlicher Aktivisten verwendet. Erste Gruppierungen hatten sich, wie erwähnt, bereits Ende Mai 1966 spontan gebildet. Im Verlauf der Arbeitsgruppen-Phase im Juni und Juli entstanden zahlreiche weitere Zusammenschlüsse an Schulen und Universitäten der Hauptstadt, deren öffentliche Unterstützung durch Mao Zedong Ende Juli ein landesweites Echo hervorrief. Ab August 1966 lässt sich die Rotgardisten-Bewegung somit als nationales Phänomen bezeichnen. Mao bediente sich der Roten Garden anfangs bewusst als Schocktruppen. Hierbei setzte er auf eine Mobilisierungsstrategie, die sich nicht länger auf die traditionellen Massenverbände wie die Kommunistische Jugendliga stützte, sondern auf eine direkte, «charismatische» Mobilisierung. Auch wenn Mao ab Ende Juli 1966 intern die extremsten Formen verbaler Überhöhung seiner Person und seines Gedankenguts wiederholt kritisierte, so blieb diese Koketterie mit persönlicher Bescheidenheit dem instrumentellen Nutzen des Kultes klar nachgeordnet. Das prominenteste Beispiel hierfür sind die acht «Massenbegegnungen», die zwischen August und November 1966 in Peking stattfanden und über 12 Millionen Teilnehmer anzogen. Mao war überzeugt, dass in der Sowjetunion «zu wenige Menschen Lenin gesehen hatten» und dass die persönliche Begegnung mit revolutionären Führern den mit der Kulturrevolution angestrebten Bewusstseinswandel massiv befördern könne. Aus diesem Grund organisierte die verbliebene Führungsspitze am 18. August 1966 erstmals eine Massenaudienz auf dem Platz des Himmlischen Friedens. Mao erschien zu den feierlichen Klängen der Hymne «Der Osten ist rot» bei Sonnenaufgang in Militäruniform zunächst auf dem Platz, später auf dem Tor des Himmlischen Friedens und ließ sich von den Massen frenetisch bejubeln. Anders als etwa die nationalsozialistischen Massenaufmärsche basierte die Kulturrevolution nicht auf aufpeitschenden Reden des Staatsführers. Mao, die «Mona Lisa der Weltrevolution» (Gerd Koenen), beschränkte sich darauf, huldvoll zu winken und Vertreter der Massen auf dem Tor des Himmlischen Friedens zu empfangen. Die entrückte Präsenz des Vorsitzenden machte ihn zur Projektionsfläche unterschiedlichster Emotionen und Hoffnungen und trug maßgeblich zur mythischen Aura des «Großen Steuermanns» bei. Der exzessive, teils absurd anmutende Führerkult wurde zu einem maßgeblichen

Kennzeichen der Kulturrevolution in den folgenden drei Jahren. An Maos Stelle hielt sein Stellvertreter Lin Biao eine kurze Rede, in welcher er die Rotgardisten aufforderte, alte Kultur und Gebräuche zu zerschlagen und durch die in Schriften und Reden des «allergrößten Genies der Gegenwart», Mao Zedong, zum Ausdruck kommende proletarische Gesinnung zu ersetzen. Er beschloss seine Rede mit der Aufforderung, sich an das «16-Punkte-Programm» zu halten, «konterrevolutionäre Revisionisten, bourgeoise Rechtsabweichler und bourgeois-reaktionäre Autoritäten» endgültig niederzuwerfen und zu kämpfen, bis der letzte Rest alten Denkens aus China verschwunden sei.

In den folgenden Wochen entwickelte sich ausgehend von der Hauptstadt eine Phase der Gewalt und des Terrors, die maßgeblich von den gymnasialen Rotgardisten geprägt wurde. Die abstrakten Feindbestimmungen ließen sich am einfachsten auf Vertreter des alten Bildungssystems sowie auf Mitglieder der «fünf schwarzen Klassen» übertragen. Bereits am 5. August 1966 war es an dem zur Pädagogischen Hochschule Peking gehörenden und bevorzugt von Töchtern der Parteielite besuchten Mädchengymnasium zu einem ersten Todesfall gekommen, als Schülerinnen die stellvertretende Schulleiterin Bian Zhongyun erschlugen. Im weiteren Verlauf der Monate August und September wurden gemäß offizieller Statistiken allein in Peking über 1772 vermeintliche Klassenfeinde ermordet und über 77 000 Menschen mit «schlechtem» Klassenhintergrund von Rotgardisten aus der Hauptstadt vertrieben. Zahlreiche weitere Personen, darunter auch prominente Vertreter des Kultursektors wie der Autor Lao She, entzogen sich der anhaltenden Demütigung und Gewalt durch Selbstmord. Die furchtbarsten Massaker der Anfangsphase ereigneten sich am Pekinger Stadtrand. Im Kreis Changping wurden Ende August 1966 innerhalb weniger Tage 327 «Klassenfeinde» ermordet. Im Kreis Daxing, im Süden Pekings, fielen 324 Personen mit «schwarzem» Klassenhintergrund im Alter zwischen 38 Tagen und 80 Jahren Angriffen zum Opfer, die von lokalen Milizeinheiten organisiert wurden, vorgeblich um mit diesem Präventivschlag einen Aufstand zu verhindern. Hinsichtlich der Gesamtopferzahl der Kulturrevolution war der «Rote August» nicht der blutigste Monat, aber die unberechenbare Gewalt der jugendlichen Aktivisten gegenüber vormaligen Autoritäten und gewöhnlichen Bürgern prägte sich tief in das öffentliche Bewusstsein ein. Die Polizei war ursprünglich angewiesen worden, die Rotgardistenbewegung nicht zu unterdrücken und nur im Falle schwerster Vergehen zu intervenieren. Als es in Einzelfällen dazu kam, dass Opfer rotgardistischer Gewalt sich zu verteidigen suchten, gab der Minister für Öffentliche Sicherheit, Xie Fuzhi, die Devise aus, dass die Rotgardisten einzig durch Überzeugungsarbeit von Gewaltanwendung abzuhalten seien. Die Polizei solle auch dann nicht einschreiten, wenn «im Affekt» Klassenfeinde erschlagen würden: «Letztlich sind schlechte Personen schlecht, daher ist kein großes Aufheben darum zu machen, wenn sie zu Tode geprügelt werden.»

Nicht alle Gewalt richtete sich gegen Personen. Alte Kulturdenkmale als Ausdruck des «Wegs von Konfuzius und Menzius», wie Lin Biao in einer internen Rede vom 13. August die überkommenen Traditionen definierte, sollten ebenso verschwinden wie Beispiele revisionistischer Politik nach 1949. Neben rein symbolischen Aktionen wie der Umbenennung von Straßen- oder Geschäftsnamen, durchsuchten Rotgardisten die Privatwohnungen vermeintlicher Klassenfeinde nach «bourgeoisen» Objekten, darunter klassische Kunst und Malerei, alte Bücher sowie ausländische Kleidung oder Währungen. Die Fundstücke wurden teilweise zerstört oder geplündert, teilweise in staatlichen Magazinen eingelagert. Die partielle Rückgabe und Entschädigung für diese Enteignungen nach der Kulturrevolution gestaltete sich folglich überaus schwierig. Religiöse Bauten waren besonders häufig Angriffen und Zerstörungen ausgesetzt. Tempel und jahrhundertealte Kultobjekte wurden verbrannt, Gläubige (darunter auch eine geringe Zahl ausländischer Christen) verfolgt und öffentlich angeprangert. Nur mit Mühe gelang es der Staatsführung um Zhou Enlai, zentrale Stätten des kulturellen Erbes wie die Verbotene Stadt oder den Himmelstempel durch den Einsatz des Militärs zu sichern. Als Argument wurde angeführt, dass auch in Zukunft noch ausge-

wählte Überreste der feudalen Vergangenheit als Anschauungs-
material notwendig seien, um den revolutionären Nachfolgern
das Ausmaß der Ausbeutung der Massen demonstrieren zu können. An anderen Orten entwickelten findige Anwohner die Strategie, alte Objekte mit Mao-Bildern oder Zitaten zu bedecken
und somit vor Angriffen zu schützen, da Abbilder und Schriften
Maos sakrosankten Status genossen. Aber keineswegs alle bedeutenden Kulturschätze standen unter staatlichem Schutz. In
Qufu, dem Heimatort des Konfuzius, wurden nach langwierigen Auseinandersetzungen zwischen lokalen Kräften, die um
den Erhalt des Konfuziustempels kämpften, und aus der Hauptstadt zugereisten Rotgardisten große Teile der Anlage geplündert und teilweise zerstört.

Terror und Zerstörung prägten den «Roten August», aber es
wäre unzutreffend, die Rotgardistenbewegung hierauf zu reduzieren und die Akteure pauschal als brandschatzende Hooligans
oder gar Mörder zu charakterisieren. Viele Rotgardisten entzogen sich den Gewaltexzessen an ihrem Heimatort und bega-
ben sich im Rahmen des sogenannten Großen Verbindens auf
Reisen an bedeutende Orte der chinesischen Revolutionsge-
schichte wie Yan'an, das Jinggang-Gebirge oder Maos Geburts-
ort Shaoshan. Die Gewalt ging mit einem häufig tief empfun-
denen Idealismus hinsichtlich der Bewahrung revolutionärer
Traditionen einher. Unterstützt durch massive staatliche Orga-
nisations- und Subventionsleistungen, darunter im Herbst 1966
die kostenlose Benutzung der Eisenbahnen, gewannen viele Rotgardisten durch den revolutionären Tourismus häufig zum ersten Mal eine Vorstellung von der andauernden Armut zahlreicher Regionen, von Jugend und Individualität sowie gelegentlich
auch von den Folgen kommunistischer Parteipolitik. Mit er-
staunlicher Kreativität bauten sie in den folgenden Monaten
eigene Informationsnetzwerke inklusive Korrespondententätig-
keit auf, um unabhängig von den jeglicher konkreten Inhalte
beraubten offiziellen Publikationsorganen über die Entwicklungen im Land informiert zu sein. Der Ausbruch aus dem strikt
reglementierten Erziehungs- und Bildungssystem begünstigte
kritische Analysen der gegenwärtigen Situation, die sich im Ver-

lauf der Bewegung keineswegs immer mit der offiziellen Partei-
linie deckten. Gleichermaßen begünstigte die Unsicherheit über
die Grenzen des Erlaubten jedoch auch heftige Konflikte um
Macht und Einfluss zwischen konkurrierenden Gruppen.

Rotgardisten und die Frage des Klassenhintergrunds

Die Rotgardistenbewegung war nicht homogen. Schon während
der Arbeitsgruppenphase entstanden an vielen Bildungseinrichtungen konkurrierende Verbände, die erbittert um Einfluss und
lokale Vormachtstellung kämpften. In der älteren Forschung
wird diese Spaltung zumeist auf soziale Hintergründe zurück-
geführt und die Gruppen als entweder «konservativ» oder
«radikal» kategorisiert. Hinter den Bezeichnungen steht die
Hypothese, dass «konservative» Aktivisten mit «gutem» Klassenhintergrund kein Interesse an einer fundamentalen Änderung
des Status quo hatten und ihre Angriffe vorwiegend auf alte
Kultur, Lehrer und Parteimitglieder am unteren Ende der Hier-
archieleiter gerichtet hätten. Die «Radikalen» wiederum seien
häufig Nachfahren von Mitgliedern der fünf «schwarzen Klassen» gewesen und aufgrund ihres Klassenhintergrunds von Geburt an diskriminiert worden. Folglich seien sie deutlich offener
für einen fundamentalen Angriff auf die überkommenen Partei-
institutionen gewesen. Die schematische Unterscheidung wirkt
bestechend, ist aber in vielerlei Hinsicht problematisch. Am
ehesten lässt sie sich auf Rotgardistengruppierungen an Mittel-
schulen und Gymnasien in der Frühphase der Bewegung an-
wenden. Hier herrschte in der Tat ein hohes Klassenbewusstsein
unter vielen Schülern vor, das sich nicht zuletzt in der «Blutlinien»-Theorie äußerte. Peng Zhens Favorisierung politischen
Verhaltens als Bewertungsmaßstab für den Zugang zu weiterführenden Schulen und Universitäten sorgte nach dessen Sturz
dafür, dass sich Vertreter einer auf den Klassenhintergrund gestützten Interpretation gestärkt fühlten. Einer der bekanntesten
Slogans dieser Zeit lautete: «Der Sohn eines Revolutionärs ist
ein Held; der Sohn eines Reaktionärs ist ein Bastard». Basierend
auf dieser Vorstellung geburtsrechtlicher Vorrangstellung taten

sich vor allem die Kinder der Partei- und Militärelite in den ersten Monaten der Kulturrevolution hervor, gründeten eigene Wachtrupps, die auch mit Gewalt gegen Haushalte «schwarzer» Klassen vorgingen und schließlich sogar andere Rotgardisten attackierten.

Für die universitären Rotgardistenverbände ist die klare Trennung hingegen nicht länger haltbar. Wie neuere Forschungen nachgewiesen haben, birgt die alleinige Betonung sozialer Faktoren die Gefahr, den Einfluss weitgehend kontingenter politischer Entscheidungen im Verlauf der Bewegung zu negieren. Rotgardisten mit gleichem Klassenhintergrund fanden sich in unterschiedlichen Lagern wieder, in Abhängigkeit ihrer Gegnerschaft oder Unterstützung hinsichtlich der Politik der Arbeitsgruppen. Die Hochschulrotgardisten der Frühphase wurden bereits zeitgenössisch an vielen Universitäten in «Mehrheits-» und «Minderheitsfraktionen» unterschieden. Bei Ersteren handelte es sich um Studenten, welche sich mit den Arbeitsgruppen gegen das alte Parteiestablishment verbündeten und oft die ersten Wahlen zu neuen Kulturrevolutionsgremien dominierten. Zu den prominentesten Führern zählte Tan Lifu, der den umfassenden Sturz des Parteiestablishments durch die Arbeitsgruppe an der Polytechnischen Universität Peking auch nach Maos allgemeiner Kritik an den Arbeitsgruppen verteidigte. Hierfür führte er gelegentlich auch auf den Klassenhintergrund gestützte Argumente an, obgleich zahlreiche seiner Gegner wie er selbst aus «rotem» Hause stammten. Aufgrund seiner rhetorischen Fähigkeiten und der Tatsache, dass die Schul-Rotgardisten nie ein kohärentes Manifest ihrer Haltung in der Klassenfrage hervorbrachten, wurde Tan später zum Symbol dieser Position stilisiert. Die Minderheitsfraktion hingegen setzte sich vorwiegend aus Studenten zusammen, die aufgrund ihrer Kritik an lokalen Führern von den Arbeitsgruppen negativ beurteilt worden waren und nun um eine Revision dieser Einschätzung in ihren Personenakten kämpften. Ein prominentes Beispiel hierfür ist der zuvor bereits erwähnte Qinghua-Rotgardistenführer Kuai Dafu, dessen Kritik an der lokalen Arbeitsgruppe, zu der auch Liu Shaoqis Frau Wang Guangmei gehörte, ihm eine Stigmatisierung als Reaktionär eintrug. Nach Abzug der Arbeitsgruppen stellte sich die Revision der getroffenen Kategorisierungen als überaus schwierig dar, da viele Arbeitsgruppenführer hohe Parteikader im Range eines Ministers oder Vizeministers waren, die Kulturrevolution sich in den ersten Wochen jedoch vorwiegend gegen akademische Autoritäten und Personen mit «schlechtem» Klassenhintergrund richtete. Aufgrund ihrer zahlenmäßigen Unterlegenheit konzentrierte sich die Minderheitsfraktion zunächst auf symbolische Aktionen wie Sitzstreiks oder Demonstrationen.

Der entscheidende Faktor, der die Kräftebalance zwischen den Fraktionen nachhaltig veränderte, war das klare Bekenntnis Mao Zedongs und der Zentralen Gruppe Kulturrevolution ab Mitte September 1966 zu den Positionen der Minderheitsfraktion. Der Grund hierfür bestand im höheren instrumentellen Nutzen für ihre eigenen Ziele mit der Massenbewegung. Die Minderheitsfraktion richtete ihre Angriffe gegen hochrangige Parteikader und veränderte damit die Ausrichtung der Kulturrevolution weg von traditioneller Kultur und Symbolen alter Sitten und Gebräuche auf die zweite im «16-Punkte-Programm» genannte Kategorie: Machthaber innerhalb der Partei, die den kapitalistischen Weg eingeschlagen hätten. Mao berief vom 9. bis 28. Oktober 1966 eine zentrale Arbeitskonferenz der Partei ein, in welcher er die Kritik nunmehr offiziell auf diejenigen Kader richtete, welche eine «bourgeois-reaktionäre Linie» verfolgt hätten. Liu Shaoqi und Deng Xiaoping übten Selbstkritik. Beide gestanden Fehler ein, bezeichneten sich aber nicht als Revisionisten. Deng ging in seinem symbolischen Schuldeingeständnis deutlich weiter als Liu, was ihm möglicherweise ein leichteres Schicksal im weiteren Verlauf der Bewegung sicherte. Erste Wandzeitungen mit namentlicher Kritik an den beiden Führern erschienen. Liu wurde als «Chinas Chruschtschow» gebrandmarkt, Deng der Unterdrückung der Lehren Mao Zedongs geziehen, nicht zuletzt durch einen erstmals im Juli 1962 geäußerten Spruch, der nach 1978 in leicht abgeänderter Form zum Sinnbild von Dengs Politik werden sollte: «Egal ob die Katze gelb [sic!] oder schwarz ist, wenn sie Mäuse fängt, ist sie eine gute Katze.»

Auch jene Rotgardisten wie Tan Lifu, die für sich die Privilegien der «Blutlinien»-Theorie in Anspruch genommen hatten, gerieten nunmehr offiziell in die Kritik, während die vormals unterdrückte Minderheitsfraktion rehabilitiert wurde. Mit der offenen Unterstützung der Minderheitsfraktion durch die Zentrale Gruppe Kulturrevolution zerfiel die organisatorische Einheit der Mehrheitsfraktion schnell. Vereinzelt kritisierten Individuen die Einmischung der Parteizentrale als ähnlich repressiv wie das Verhalten der Arbeitsgruppen. Aktivisten veröffentlichten Wandzeitungen mit harscher Kritik etwa an Jiang Qing und Chen Boda. Hier wie auch zu späteren Zeitpunkten zeigte sich schnell, dass die verbliebene Parteiführung bei Kritik an eigenen Positionen nicht auf Repression verzichtete. Die vermeintliche «große Demokratie» und der freie öffentliche Diskurs über Missstände im System erwiesen sich bereits zu diesem Zeitpunkt als Fiktion. Zahlreiche Rotgardisten der ersten Stunde wurden im Winter 1966/67 als Konterrevolutionäre inhaftiert. Zhu Chengzhao, ein prominenter Mehrheitsführer an der Hochschule für Geologie, brachte die Verhältnisse auf den Punkt, als er zeitgenössisch feststellte, die Kulturrevolution sei keine Massenbewegung, sondern Massenmanipulation.

Ein Beleg für diese Ansicht liefert auch das Schicksal eines Gegners der Mehrheitsfraktion, des zu Beginn der Kulturrevolution 24-jährigen Yu Luoke, der in einer der berühmtesten Schriften dieser Periode das System der Klassifizierung von Individuen nach Klassenstatus generell in Frage stellte. Yu hatte trotz hervorragender Leistungen aufgrund seines Klassenhintergrunds keine weiterführende Schule besuchen können. Im Herbst 1966 verfasste er eine Streitschrift unter dem Titel «Über den (Klassen)hintergrund», die nach mehrfacher Überarbeitung im Januar 1967 privat gedruckt und in großer Zahl in Umlauf gebracht wurde. Yu argumentierte, dass die Geburt in ein gewisses soziales Umfeld die Persönlichkeit eines Individuums nicht determiniere. Politisches Verhalten sei daher eine wichtigere Bezugsgröße als Abstammung. Ähnliche Standpunkte vertraten auch Mitglieder der Zentralen Gruppen Kulturrevolution im Winter 1966 öffentlich. Kritischer war Yus Argument, dass die Betonung des Klassenhintergrunds nach 1949 zur «Formierung einer privilegierten Schicht unter dem Decknamen des Sozialismus» geführt und gleichzeitig ein «reaktionäres Kastensystem» und neue Formen der Unterdrückung hervorgebracht habe. Die Furcht vor einer Restauration des Kapitalismus sei nicht darauf gestützt, dass Reste der alten Klassen den Führer der Nationalen Volkspartei Chiang Kai-shek erneut inthronisieren wollten. Vielmehr gehe die Gefahr für den Sozialismus in China von der Existenz einer privilegierten Schicht von Parteikadern aus, die «neue bourgeoise Elemente» hervorbringe. Mit seinen Thesen bot Yu einen möglichen Kristallisationspunkt für alle durch die neue Herrschaftsordnung Benachteiligten und stellte den emanzipatorischen Charakter der Herrschaft durch die Avantgarde-Partei infrage. Dies war weitaus mehr, als Mao zu tolerieren bereit war, obgleich es sich durchaus um eine mögliche Lesart von Maos vage geäußerten Zielen mit der Kulturrevolution handelte. Bei aller Kritik an bürokratischen Privilegien und Machtmissbrauch war Mao nicht bereit, «politischen Selbstmord» zu begehen. Yu wurde im Folgejahr gefangengenommen und 1970 auf Befehl der Pekinger Militärkontrollkommission vor rund 100 000 Zuschauern hingerichtet.

Mit dem Sieg der vormaligen Minderheitsfraktion waren die Konflikte zwischen konkurrierenden Gruppen nicht vorbei. Die nunmehr meist als «Rebellen» firmierenden Zusammenschlüsse verstrickten sich im Verlauf der folgenden anderthalb Jahre in vielfältige Auseinandersetzungen, die sich häufig an der Besetzung lokaler Machtposten entzündeten. Weder Kuai Dafu noch andere prominente Studentenführer der Bewegung vermochten es, ihre Reihen selbst an der eigenen Universität geschlossen zu halten, sondern bezogen ihre Legitimation vorwiegend aus ihrem direkten Zugang zu Mitgliedern der Zentralen Gruppe Kulturrevolution. Unter den Tausenden von Rebellenorganisationen entwickelten sich zwar Allianzen, aber keine dauerhaft tragfähigen Bündnisse. Mao Zedong und die verbliebene Parteiführung wurden zunehmend ungehalten über die Unfähigkeit der studentischen Rebellen, Kompromisse einzugehen und Zusammenschlüsse zu bilden. Der strategische Nutzen der Rebellenfraktionen war aus Sicht Maos bereits Ende 1966 im Sinken begriffen. Am 31. Dezember wurde das Militär angewiesen, Studenten und Schüler in «Studienklassen» mit militärischem Drill zu disziplinieren. Damit verstrickte sich auch die Armee zunehmend in die lokalen Fraktionskämpfe und spielte in vielen Regionen eine entscheidende Rolle in der Etablierung neuer Machtstrukturen.

Die Shanghai-Kommune und die ersten Revolutionskomitees

In der Anfangsphase der Kulturrevolution konzentrierte sich die Bewegung vor allem auf Rotgardisten an Schulen und Universitäten. Zunehmend spielten auch andere Bevölkerungsschichten eine wichtige Rolle. Am 6. November 1966 organisierten sich in Shanghai erstmals Arbeiteraktivisten im sogenannten Allgemeinen Arbeiterhauptquartier, beeinflusst durch Verbindungsbüros Pekinger Hochschulrebellen. Unter Führung des 32-jährigen Wang Hongwen blockierten sie die Eisenbahngleise Richtung Peking, nachdem sie keine Anerkennung durch die Shanghaier Parteiführung erhalten hatten. Zhang Chunqiao, als Abgesandter der Zentralen Gruppe Kulturrevolution, ging auf ihre Forderungen nach Koalitionsfreiheit ein und brüskierte damit die lokale Parteiführung. Am 9. Dezember 1966 verkündete die Parteizentrale in den «Zehn Punkten zur Industrie» offiziell, dass es auch Arbeitern gestattet sei, revolutionäre Vereinigungen zu gründen, die Produktion jedoch unter keinen Umständen beeinträchtigt werden dürfe. Eine Woche später wurde der ländlichen Bevölkerung Chinas das gleiche Recht eingeräumt. Hiermit weitete sich das Spektrum der Bewegung erheblich aus, und Mao ging ein unkalkulierbares Risiko ein. Die Kulturrevolution hatte als Revolution von oben begonnen und ihre Befürworter hatten soziale Konflikte ausgenutzt, um der Bewegung größere Schlagkraft zu verleihen. Nachdem sich bereits die Rotgardisten vielfach in Fraktionskämpfen zerstritten hatten, barg die Ausweitung des Klassenkampfes auf alle gesellschaftlichen Bereiche das Potential für bürgerkriegsähnliche Zustände, ein Ziel, auf das Mao am Abend seines 73. Geburtstags am 26. De-

zember 1966 mit seinen Getreuen anstieß. Aber trotz seines
Verbalradikalismus war Bürgerkrieg keineswegs das Ziel Mao
Zedongs. Vielmehr stellte sich die Frage, wie die Ideale der Kulturrevolution effektiv institutionalisiert und die Gefahr eines
erneuten Auflebens des Revisionismus verhindert werden könnten. Die Etablierung neuer Machtorgane gestaltete sich in Ermangelung klarer Vorgaben kompliziert. Sollten Parteikomitees
auch weiterhin die Führung innehaben und einzig das Personal
ausgetauscht werden? Oder sollte die Kommandogewalt in die
Hände lose kontrollierter Rebellengruppen gelegt werden? Bis
in den Herbst 1967 hinein blieb Maos Haltung in dieser Frage
auch führenden Mitgliedern der Zentralen Gruppe Kulturrevolution unklar.

Eine besondere Rolle spielt in diesem Kontext Shanghai und
die sogenannte Januar-Revolution, heute in der offiziellen chinesischen Darstellung meist als «Januar-Sturm» bezeichnet. Die
rasch anwachsende Zahl der Rebellenorganisationen, darunter
als wichtigste das Allgemeine Arbeiterhauptquartier, opponierte
zunehmend gegen die lokale Parteiführung. Einige Gruppierungen erhoben zudem massive soziale Forderungen. Diese richteten sich insbesondere gegen die Diskriminierung von temporär
angestellten Arbeitern sowie die Praxis der zwangsweisen Landverschickung von Arbeitern in Krisenzeiten. Allein in Shanghai
betraf letztere Maßnahme im Gefolge des Großen Sprungs rund
200 000 Arbeiter, landesweit zwischen 1961 und 1963 sogar
rund 20 bis 25 Millionen Personen. Unter dem wachsenden
Druck des Protestes und in Ermangelung klarer Vorgaben der
Parteizentrale ging die Shanghaier Parteiführung auf zahlreiche
der sozialen Forderungen ein. Gegnerschaft rekrutierte sich aus
den Reihen der festangestellten Arbeiter, die sich unter dem Namen «Scharlachrote Garden» zusammenschlossen. Ende Dezember kam es zu ersten gewaltsamen Zusammenstößen zwischen den Konfliktparteien, aus denen die Rebellen siegreich
hervorgingen. Als Folge blockierten nunmehr die Scharlachro-
ten Garden die Eisenbahnstrecke in die Hauptstadt und die
Stadt versank zunehmend im Chaos oder, wie Zhang Chunqiao
es ausdrückte: Shanghai glich einem reifen Pfirsich, den die Re-

bellen zu pflücken beabsichtigten. Doch während die Mitglieder der Zentralen Gruppe Kulturrevolution zunächst die sozialen Probleme intern als Konsequenz einer revisionistischen Wirtschaftspolitik brandmarkten, kam es Anfang Januar mehrfach zu inhaltlichen Kurswechseln.

Das Shanghaier Parteikomitee trat als Konsequenz der Proteste am 6. Januar 1967 geschlossen zurück, ein gewaltiger Erfolg für die Rebellen, zumal Mao seine Unterstützung äußerte und zur landesweiten Machtübernahme durch «linke» Kräfte aufrief. Parallel dazu veröffentlichten jedoch die ebenfalls von Rebellengruppierungen besetzten Zeitungen Shanghais am 5. und 9. Januar zwei noch vom ehemaligen Shanghaier Parteisekretär Chen Pixian auf Anweisung Zhou Enlais initiierte öffentliche Aufrufe. In diesen wurde das Ende der chaotischen Zustände und die Wiederaufnahme der Produktion gefordert, oder in der zeitgenössischen Diktion: «Die Revolution ergreifen und die Produktion fördern». Auch diese Artikel wurden auf Maos Geheiß mit positivem Kommentar in den nationalen Medien abgedruckt. Die Machtübernahmen sollten sich demzufolge einzig auf die politischen Leitungsfunktionen beschränken, nicht aber auf die professionelle Ebene und damit auch nicht auf die fundamentalen Strukturen des sozialistischen Wirtschaftens auswirken. Die Forderungen nach Lohngerechtigkeit und sozialer Sicherung wurden als Ausdruck einer Unterwanderung der Kulturrevolution durch «ökonomistisches» Gedankengut kritisiert, das feindliche «Elemente» in Umlauf gebracht hätten. Zhang Chunqiao und Yao Wenyuan als Vertreter der Zentralen Gruppe Kulturrevolution vollzogen eine rasante inhaltliche Volte. Sie kritisierten nunmehr den Ökonomismus und erklärten ihre Position als immer schon im Einklang mit dem parallelen Vorantreiben von Revolution und Produktion. Am 5. Februar 1967 wurde unter Leitung von Zhang und Yao feierlich die Gründung der Shanghaier Kommune zelebriert, in bewusster Anlehnung an das im Verlauf der Bewegung bereits mehrfach zitierte Vorbild der Pariser Kommune von 1871. Etwa die Hälfte der Rebellenorganisationen kündigte aufgrund des Kurswechsels der neuen Führung die Gefolgschaft, aber gestützt auf das Allgemeine Arbeiterhauptquartier unter Wang Hongwen und insbesondere die lokalen Einheiten der Volksbefreiungsarmee wurde die «Januar-Revolution» als erfolgreich beendet erklärt.

Die Zusammensetzung der neuen Machtorgane aus revolutionären Kadern, Vertretern der Massenorganisationen und der Armee war keine Erfindung der neuen Führung Shanghais. Mit Maos Aufruf zur Machtergreifung hatten sich auch in anderen Landesteilen Machtübernahmen ereignet. Neue politische Führungsorgane wurden im ersten Halbjahr 1967 indessen nur in fünf Provinzen bzw. regierungsunmittelbaren Städten etabliert, neben Shanghai in Heilongjiang, Shandong, Guizhou und Peking. Heilongjiang verkündete am 31. Januar 1967 als erste Provinz die Gründung eines «Revolutionskomitees». Intern hatte Mao wenige Tage zuvor erstmals, in Bezugnahme auf Überlegungen in Guizhou, die Kombination von revolutionären Kadern, Massenorganisationen und Militär unter dem Begriff des «Dreifachen Zusammenschlusses» als wünschenswerte Grundstruktur der neuen Organe benannt. In keiner Provinz kam ein politischer Quereinsteiger, etwa als Führer einer Rebellenorganisation, an die Macht. Entweder nutzten bislang nachgeordnete Parteikader ihre Chance zum Aufstieg (Shanxi) oder es gelang, deutlich seltener, alten Eliten der Machterhalt (Heilongjiang). Schließlich dominierten vor allem in den Grenzregionen Militärs die Führungspositionen, etwa in Guizhou.

Die Desillusionierung sozialrevolutionärer Träume vollzog sich in Shanghai besonders offensichtlich. Nicht nur, dass die Kritik an den Ungerechtigkeiten des Systems als «ökonomistisch» diffamiert wurde, auch gegenüber dem Begriff «Kommune» hatte Mao Vorbehalte. Bis heute ist unklar, ob er Zhang und Yao ursprünglich in ihrer Namenswahl bestärkt hatte. In Anbetracht der alarmierenden Zahl von landesweiten Produktionsausfällen und der zunehmend chaotischen Zustände im Verlauf des Monats Januar schwenkte Mao auf einen Kurs der Stabilisierung um. Am 22. Januar bezeichnete er die von ihm zuvor unterstützte Praxis der öffentlichen Demütigung und Verfolgung von vermeintlichen Klassenfeinden als «unzivilisiert», ob als Reaktion auf den Foltertod des vormaligen Ministers für Kohle am gleichen Tag ist unbekannt. Die interne Kritik hatte jedoch keine Auswirkungen auf die weiterhin stattfindenden öffentlichen Tribunale, in denen hochrangige Parteikader und andere Prominente in Stadien oder auf öffentlichen Plätzen nicht nur verbal angegriffen, sondern auch physisch misshandelt wurden. Mao benannte ferner eine Reihe von Provinzführern, die von Kritik auszunehmen seien. Weitere Personen erhielten persönlichen Schutz durch Zhou Enlai, der sie zur tatsächlichen oder vorgeblichen Rekonvaleszenz in einem Militärkrankenhaus unterbrachte.

Am 23. Januar 1967 erhielt die Armee den Auftrag, landesweit stabilisierend einzugreifen und die «Linke» bei der Machtergreifung zu unterstützen. Am 6. Februar, einen Tag nach der offiziellen Gründung der Shanghai-Kommune, kritisierte Mao, dass die öffentliche Verwendung des Begriffs «Kommune» nicht mit ihm abgesprochen worden sei und dass die Zentrale Gruppe Kulturrevolution beginne, die gleichen Fehler wie die revisionistischen Parteimitglieder zu begehen, indem sie ihm Informationen vorenthalte. Am gleichen Tag wurde die Praxis des «Großen Verbindens», des landesweiten kostenlosen Reiseverkehrs für Rotgardisten beendet und kurz darauf ein Verbot zur Gründung überregionaler Zusammenschlüsse publik gemacht. Maos Kritik kulminierte in einer Sitzung am 12. Februar 1967, in welcher er die möglichen Konsequenzen des Kommunebegriffs für den chinesischen Staat durchdeklinierte. Nicht nur, dass der Begriff im Volk unrealistische Assoziationen wecke und die Frage nach einer Änderung der grundlegenden Staatsverfassung stelle («Volkskommune China»), vor allem untergrabe er die Stellung der Partei: «Man braucht einen Kern, ganz gleich, wie der sich nennt, ob nun Kommunistische Partei oder Sozialdemokratische Partei [...], auf jeden Fall ist eine Partei vonnöten. Die Kommunen brauchen generell auch die Partei. Kann etwa die Kommune die Partei ersetzen?» Allen antibürokratischen Anspielungen zu Beginn der Kulturrevolution zum Trotz machte Mao intern unmissverständlich klar, dass er das Konzept der Avantgarde-Partei keineswegs in Frage zu stellen bereit war.

Anarchie und «großes Chaos» standen ein halbes Jahr nach Beginn der kulturrevolutionären Tumulte nicht mehr an erster Stelle. Am 23. Februar 1967 wurde die Shanghai-Kommune offiziell in «Revolutionskomitee Shanghai» umbenannt.

Eine Konsequenz von Maos harscher Kritik an der Zentralen Gruppe Kulturrevolution zeigte sich Mitte Februar in einer Reihe von Sitzungen hochrangiger Partei- und Militärvertreter, die den Sturz altgedienter und loyaler Parteigenossen in den vergangenen Monaten auf das Schärfste verurteilten, Klarheit über die eigentlichen Ziele der Bewegung verlangten und insbesondere Jiang Qing und Zhang Chunqiao persönliche Machtambitionen unterstellten. Auch beklagten sie sich über den Umgang mit ihren Kindern, zumeist prominenten Mittelschul-Rotgardisten, die aufgrund ihrer Kritik an der Zentralen Gruppe Kulturrevolution teilweise als Konterrevolutionäre inhaftiert worden waren. Während diese Vorwürfe im Wesentlichen dem Stimmungsbild Mao Zedongs entsprachen und er diese Reaktion möglicherweise bewusst stimuliert hatte, verärgerten ihn einige Kommentare insbesondere von Außenminister Chen Yi nachhaltig. Chen wies darauf hin, dass Liu und Deng in Yan'an zu den engsten Verbündeten Maos gehört hatten und man erst 20 Jahre später ihre wahre Natur enthüllt habe. Möglicherweise treffe Gleiches auch auf die Mitglieder der Zentralen Gruppe Kulturrevolution zu. Die Kritik, die nicht nur die genannten Personen, sondern das gesamte Konzept der Kulturrevolution in Frage stellte, versetzte Mao Zedong in Rage. Ähnlich wie auf dem Lushan-Plenum 1959, als er zunächst beabsichtigt hatte, die Exzesse des Großen Sprungs einzudämmen, die Kritik von Verteidigungsminister Peng Dehuai allerdings als persönlichen Angriff betrachtet und als Konsequenz die katastrophalen wirtschaftlichen Maßnahmen forciert hatte, verteidigte er nun die Zentrale Gruppe Kulturrevolution entschieden. Das nunmehr als «Februar-Gegenströmung» bezeichnete Aufbegehren der altgedienten Kader diente ihm jetzt als weiterer Beleg für die Notwendigkeit der Kritik an revisionistischen Tendenzen innerhalb der Partei. In den folgenden Wochen wurde die Frequenz der Kritiksitzungen noch einmal erhöht. Teilweise standen auch Angehörige im Zentrum der Kritik, etwa im Fall von Liu Shaoqis Ehefrau Wang Guangmei, die im April 1967 von der Rebellenfraktion Kuai Dafus an der Qinghua-Universität öffentlich gedemütigt wurde. Die gemischten Signale und der mehrfache Wechsel von Radikalisierung und Eindämmung der Massenbewegung, die in der Folgezeit von der Parteizentrale ausgingen, trugen maßgeblich zur Eskalation der Situation bei, die in vielen chinesischen Regionen im Sommer 1967 bürgerkriegsähnliche Züge annahm.

Wuhan-Zwischenfall

Anfang 1967 war die Volksbefreiungsarmee die einzige Organisation, die noch den Zusammenhalt des chinesischen Staates garantierte. Wenngleich im Winter 1966/67 erste Kritik an ihrem «reaktionären» Charakter aufgekommen war, ließen Mao und Lin Biao zu diesem Zeitpunkt keinen Zweifel daran, dass die Armee nicht zum Gegenstand kulturrevolutionärer Angriffe werden sollte. Ein entsprechender «Acht-Punkte-Plan» wurde am 28. Januar im Namen der Militärischen Kontrollkommission, dem höchsten Militärorgan, veröffentlicht. Zeitgleich erhielt die Armee offiziell den Auftrag, proletarische Revolutionäre bei der Machtergreifung zu unterstützen und rechte Kräfte abzuwehren. Kriterien zur Definition von «wahren» und «falschen» Revolutionären oder zur Unterscheidung von «linken» und «rechten» Kräften wurden nicht geliefert. In den folgenden Monaten kam es daher in zahlreichen Provinzen und Autonomen Regionen zu bewaffneten Auseinandersetzungen zwischen Rebellenverbänden und Soldaten, teilweise mit tödlichem Ausgang wie in Qinghai, als beim Kampf um die Machtübernahme in einer Lokalzeitung 169 Zivilisten und vier Soldaten ums Leben kamen. Im Zweifelsfall favorisierten die lokalen Befehlshaber Massenorganisationen, die gemäßigte Positionen vertraten, so dass sich schon bald die Klagen von Rebellen über die Unterdrückung ihrer Aktivitäten häuften und Massenverhaftungen von vermeintlichen Unruhestörern und Querulanten folgten. Dennoch wurde im März der Einsatzbereich der Volksbefrei-

ungsarmee massiv erweitert. Unter dem hölzern klingenden
Schlagwort der «drei Unterstützungen und zwei Militärs» kam
der unterstützende Einsatz der Armee nun nicht mehr nur der
«Linken», sondern auch Landwirtschaft und Industrie zugute,
um die gesteckten Produktionsziele zu gewährleisten. Bis 1972
nahmen rund 2,8 Millionen Soldaten an diesen Maßnahmen
teil und zogen die Armee tief in die kulturevolutionären Auseinandersetzungen hinein. Die «zwei Militärs» bezogen sich auf
militärisches Training, welches zunächst nur an ausgewählten
Institutionen, mit der offiziellen Wiederaufnahme des Schulbetriebs ab Oktober 1967 als disziplinarische Maßnahme an
allen Bildungseinrichtungen angeordnet wurde, sowie auf die
zwangsweise Militärkontrolle ausgewählter Institutionen und
Verwaltungseinheiten. Letztere umfassten grundlegende Bereiche der staatlichen Infrastruktur von Fernsehsendern über Gerichte und Banken bis hin zur Stromversorgung. Aber auch
administrative Einheiten, sogar ganze Provinzen, wurden unter
Militärkontrolle gestellt. Die wachsende Bedeutung der Armee
konterkarierte in vielerlei Hinsicht die im «16-Punkte-Pro-
gramm» proklamierten Ziele der Kulturrevolution als einer Bewegung, in welcher sich die Massen «selbst erziehen» sollten.
Allein in Sichuan wurden im Frühjahr rund 100 000 Rebellen
von der Armee als Konterrevolutionäre inhaftiert. In Anbetracht wachsender Kritik durch unterdrückte Organisationen
schränkte Lin Biao mit Maos ausdrücklicher Billigung die Rolle
der Armee am 6. April 1967 mit einem neuen «10-Punkte-Plan»
deutlich ein. Die Anwendung von Waffengewalt sowie die flä-
chendeckende Unterdrückung von Rebellen wurden untersagt.
Die Prärogative der Kennzeichnung einer Gruppierung als revolutionär oder reaktionär behielt sich nunmehr die Parteizentrale
vor. Auch sollten keine Racheakte nach Angriffen auf das Militär mehr erfolgen. Die hochgradig widersprüchlichen Vorgaben
sorgten für weitreichende Unsicherheit über die eigentlichen
Aufgaben der Armee und die Grenzen ihres Engagements in politischen Grabenkämpfen.

Den Höhepunkt der Auseinandersetzungen zwischen konkurrierenden Fraktionen und der Armee bildete der sogenannte

Wuhan-Zwischenfall im Juli 1967. In Wuhan, einer am Yangzi gelegenen bedeutenden Industriestadt, hatten sich unter den Massenorganisationen zwei leidlich kohärente Lager herausgebildet. Auf der einen Seite ein aufgrund seiner Mitgliederstärke als «Eine Million Helden» bezeichnetes «konservatives» Bündnis, in dem vor allem festangestellte Arbeiter und Parteimitglieder organisiert waren. Auf der anderen Seite ein eher loser Verbund von Rebellenorganisationen, die sich über die Unterdrückung durch die lokale Militärführung unter General Chen Zaidao beklagten. Die Situation eskalierte zunehmend und beide Lager hatten durch anhaltende Scharmützel im Frühsommer 1967 bereits Hunderte Todesopfer zu verzeichnen. Obgleich sich die Heldenfraktion durch ihre weitaus größere numerische und organisatorische Stärke sowie durch den Rückhalt Chen Zaidaos einen klaren Vorteil erwarb, entschied Mao, die gegnerische Koalition als «Linke» anzuerkennen und Chen Zaidao für seine einseitige Unterstützung zu kritisieren. Zhou Enlai übermittelte die Entscheidung der Parteizentrale und traf auf hartnäckigen Widerstand durch lokale Armeeführer, der erst gebrochen werden konnte, nachdem diese bei Mao Zedong persönlich vorstellig geworden waren, der sich zufällig auch für einige Tage in Wuhan aufhielt. Die Nachricht der Entscheidung durch die Parteizentrale erreichte die Vertreter der Massenorganisationen nicht durch reguläre Kanäle. Vielmehr ließen es sich zwei hochrangige Mitglieder von Zhous Verhandlungskommission, Wang Li von der Zentralen Gruppe Kulturrevolution sowie der Minister für Öffentliche Sicherheit Xie Fuzhi, nicht nehmen, die Neuigkeiten noch in der Nacht den Rebellen zu überbringen. Am nächsten Tag kritisierte insbesondere Wang die versammelte Armeeführung scharf für ihre Unfähigkeit, die Ziele der Kulturrevolution zu verstehen. Der unvermittelte Kurswechsel sorgte für massives Unverständnis und Verärgerung, die schließlich in tätlichen Angriffen kulminierten. Wang Li wurde von lokalen Militärs verschleppt und misshandelt. Damit lag die Gefahr einer Meuterei in einer der wichtigsten chinesischen Militärregionen in der Luft, deren Führer zudem über starken Rückhalt in der lokalen Bevölkerung verfügten.

Aus Sicht der Parteiführung war jedoch ein anderes Faktum deutlich gefährlicher: Mao Zedong befand sich unverhofft im Zentrum einer potentiell staatsgefährdenden Krise. Der bereits abgereiste Zhou Enlai ließ Mao heimlich durch Spezialkräfte nach Shanghai ausfliegen. Auch Wang Li wurde befreit, und ihm wurde gemeinsam mit Xie Fuzhi ein großer Empfang in Peking bereitet. Die Partei- und Armeeführung charakterisierte die Ereignisse in Wuhan als «konterrevolutionäre Revolte». Chen Zaidao wurde abgesetzt und die lokale Militärführung ausgetauscht. In Anbetracht der klaren Positionierung der Zentrale zerbrach der Widerstand innerhalb kurzer Zeit, und nunmehr begannen die vormals unterdrückten Rebellen ihrerseits mit Attacken auf die Unterstützer der «Eine Million Helden». In den folgenden Monaten kamen allein in Wuhan 600 Mitglieder der Fraktion ums Leben, provinzweit wurden rund 184 000 Unterstützer gewaltsam verfolgt.

Der Wuhan-Zwischenfall leitete den letzten als «radikal» zu bezeichnenden Abschnitt der Kulturrevolution ein. Nachdem die Angriffe auf das alte Parteiestablishment die Machtverhältnisse landesweit bereits kräftig durcheinandergewirbelt hatten, richtete sich die Kritik insbesondere von Mitgliedern der Zentralen Gruppe Kulturrevolution nun vermehrt auf vermeintlich reaktionäre Kräfte innerhalb der Volksbefreiungsarmee. Mao selbst hatte dieser Linie Vorschub geleistet, indem er während einer Rede in Wuhan die Idee lancierte, «linke» Massenorganisationen zu bewaffnen, damit diese sich gegen Unterdrückung zur Wehr setzen könnten. Nach den Stabilisierungsbemühungen Anfang des Jahres stellte Mao damit die Zeichen wieder auf Angriff. Das Verteilen von Waffen aus Armee- und Milizbeständen während eines etwa dreiwöchigen Zeitraums zwischen Ende Juli und Mitte August 1967 steht zweifellos für die radikalste Maßnahme der Kulturrevolution. Nach Jahrzehnten des Bürgerkriegs war die Entwaffnung der chinesischen Bevölkerung eine der wichtigsten Maßnahmen der Partei nach 1949 gewesen. Nun blieb es nicht bei der kurzfristigen, kontrollierten Freigabe von Waffen, sondern konkurrierende Gruppierungen deklarierten gemäß einem von Jiang Qing verbreiteten Satz, dass sie zwar nur «mit Worten attackierten», sich aber «mit Waffen verteidigten». An einigen Orten wurden Armeebestände geplündert, andernorts wurden Waffenlieferungen an den Vietcong von Eisenbahntransporten gestohlen. Nahe der nordchinesischen Industriemetropole Changchun experimentierten Gruppierungen sogar mit schmutzigen Bomben und brachten einige radioaktive Sprengkörper kontrolliert zur Explosion. In einem Gespräch mit dem Journalisten Edgar Snow im Dezember 1970 gestand Mao ein, dass die Regierung im Juli und August 1967 die Kontrolle verloren hatte und sich in jeder Schule, in jeder Fabrik, in jeder administrativen Einheit mindestens zwei konkurrierende Gruppierungen unversöhnlich gegenüber gestanden hätten. Die Konflikte blieben nicht nur auf die Innenpolitik beschränkt. Aus Protest gegen die Schließung pro-kommunistischer Zeitungen in Hongkong brannte ein Mob unter Führung einer Rebellenfraktion des chinesischen Außenministeriums die britische Gesandtschaft in Peking nieder. Auch Angehörige anderer Botschaften wurden misshandelt, darunter ein Militärattaché der DDR, was die SED-Führung in ihrer mit Moskau abgestimmten Sichtweise bestärkte, dass es sich bei der Kulturrevolution um einen Ausdruck «wildgewordenen Kleinbürgertums» und, mit Verweis auf Lenin, um eine «Kinderkrankheit im Kommunismus» handele.

In Anbetracht der chaotischen Zustände wechselte Mao die Linie erneut. Er stellte sich hinter die Volksbefreiungsarmee und machte mit Wang Li und Guan Feng zwei jüngere Mitglieder der Zentralen Gruppe Kulturrevolution für die Eskalation der Situation verantwortlich. Wenige Monate später folgte mit Qi Benyu ein dritter Sündenbock für Maos Spiel mit dem Feuer. Den drei Parteipropagandisten wurde offiziell vorgeworfen, ein Komplott gegen Ministerpräsident Zhou Enlai geschmiedet zu haben. Die vage Verschwörung der sogenannten Elemente des 16. Mai diente in den folgenden Jahren vielfach als Vorwand, um nunmehr unliebsame Rebellen mundtot zu machen. Mit diesem Kurswechsel zeichnete sich das Ende der Massenphase der Kulturrevolution bereits ab. Doch die Etablierung neuer

Machtstrukturen in den Regionen zog sich weitaus länger hin,
als von der Parteizentrale beabsichtigt.

Gewaltsame Konflikte in den Regionen

Als *modus operandi* zur Befriedung konkurrierender Massenorganisationen auf Provinzebene entwickelte sich im Verlauf
des Jahres 1967 eine Art von Verhandlungssystem. Führer der
zerstrittenen Fraktionen wurden nach Peking geflogen. Dort
diskutierten sie gemeinsam mit als revolutionär erachteten Vertretern des lokalen Parteiestablishments und Armeerepräsen-
tanten über die Zusammensetzung der neuen Institutionen,
moderiert von Abgesandten der Parteizentrale. Doch die Macht
der Zentrale, eine Einigung zu erzwingen, war trotz der Bünde-
lung quasi-absoluter Machtvollkommenheit in der Person Mao
Zedongs begrenzt. Auch Mao tat sich zunehmend schwer, die
häufig sehr spezifischen Machtkonflikte auf regionaler Ebene
in ein klares Rechts-Links-Schema einzubetten. Und auch er
wurde zunehmend ungehalten über die Unfähigkeit der Massenorganisationen, sich zusammenzuschließen. Letztlich entwickelte sich aus den anfangs eher losen Verhandlungen ein
rigides System sogenannter Studienklassen, in denen die Dele-
gierten unter weitgehender Abschirmung von der Öffentlichkeit
in Hotelkomplexen oder gar Militäranlagen zum Zusammenschluss gedrängt wurden, nicht zuletzt mittels klassischer Par-
teiinstrumente wie Kritik und Selbstkritik.

Die Angriffe auf die Armee, das Fehlen einer klaren lokalen
Führungsmacht und die turbulenten Richtungswechsel in der
Parteizentrale leisteten einer politischen Zersplitterung Vorschub, die häufig von gewaltsamen Auseinandersetzungen geprägt war. In Abhängigkeit von regional spezifischen Faktoren
und Problemlagen nahm die Kulturrevolution sehr unterschiedliche Züge an. Dies gilt insbesondere für die Phase zwischen
den ersten Machtergreifungen im Januar 1967 bis zur Errichtung der letzten Revolutionskomitees im September 1968. Auch
wenn bislang nur für wenige chinesische Regionen detaillierte
Studien vorliegen, zeigt sich deutlich, dass die oftmals nur un-

terdrückten Konflikte zwischen konkurrierenden Fraktionen auch danach noch einen erheblichen Einfluss auf die lokale Politik und gesellschaftliche Entwicklungen ausübten.

Im Sommer 1967 kam es im Gefolge des Wuhan-Zwischenfalls zum Höhepunkt gewaltsamer Auseinandersetzungen zwischen konkurrierenden Rebellenverbänden, die um Unterstützung von einflussreichen Akteuren in Peking und der lokalen Armeeführung rivalisierten. Zu den am besten untersuchten Regionen zählt die ostchinesische Provinz Jiangsu. Auch hier war es im Januar 1967 zu einer Machtergreifung gekommen, die jedoch nicht von allen Rebellenverbänden als legitim betrachtet wurde, da einige der schärfsten Kritiker der alten Regierung nicht beteiligt gewesen waren. Im Gefolge spalteten sich die Rebellenverbände in eine Profraktion, welche die Machtergreifung verteidigte, und eine Kontrafraktion, die diese ablehnte. Beide ersuchten Peking um Unterstützung. Die Parteizentrale erkannte die Machtergreifung nicht an, verlieh aber beiden Lagern die Bezeichnung «revolutionär», was wenig zur Befriedung der Lage beitrug. In Anbetracht der andauernden Konflikte stellte die Parteizentrale die Provinz im März 1967 unter Militärkontrolle. Nunmehr fühlte sich die Profraktion ihrer historischen Leistung der Machtergreifung beraubt und opponierte gegen die lokale Militärführung unter General Xu Shiyou, was zu zahlreichen Verhaftungen führte. Mit Lin Biaos «10-Punkte-Plan» Anfang April 1967 und mit Unterstützung durch die Zentrale Gruppe Kulturrevolution wendete sich das Blatt erneut. Nunmehr griff die Profraktion Xu Shiyou und die mit ihm verbündete Kontrafraktion an, wobei es zu weiteren Spaltungen innerhalb des Militärs und der jeweiligen Rebellenorganisationen kam. Ähnlich wie in Wuhan hätte die Situation zu einem Sturz der lokalen Militärführung führen können, aber Mao entschied sich letztlich, den altgedienten Xu zu unterstützen. Das Festhalten an persönlich als loyal eingeschätzten Provinzführern zeigte sich auch in einer Reihe von anderen Regionen, insbesondere in Grenznähe, wo Stabilität für Mao Zedong eine höhere Priorität besaß als revolutionäre Rhetorik. Maos Entscheidung für Xu Shiyou in Jiangsu führte jedoch zu keinem Ende der Konflikte. Nach langen Verhandlungen wurden schließlich wichtige Führer beider Fraktionen als Aufrührer bezeichnet und von der Parteizentrale entmachtet. Xu Shiyou wurde im Januar 1968 zum Vorsitzenden des neuen Revolutionskomitees von Jiangsu ernannt und unterdrückte jeglichen Widerstand gewaltsam, ohne den zugrundeliegenden Dissens letztgültig beilegen zu können. Ähnliche Konflikte zwischen konkurrierenden Rebellenorganisationen gab es auch in anderen Provinzen und Städten. Zahllose Memoiren und Berichte haben Zeugnis abgelegt von den blutigen Auseinandersetzungen. Besonders heftig fielen die Konflikte in der Stadt Chongqing aus, in der sich die beiden Lager, die «Fraktion des 15. August» und die «Opposition bis zum Ende»-Fraktion sogar mit Boden-Luft-Raketen und Panzern bekriegten. Verlässliche Opferzahlen aus Chongqing sind bis heute nicht bekannt. Berühmtheit erlangte später ein Friedhof, auf dem die «Fraktion des 15. August» rund 400 ihrer gefallenen Mitglieder bestattete. Bis heute ist das für die Öffentlichkeit nicht zugängliche Gelände das einzige offizielle Grabmal für Opfer der Kulturrevolution.

Während auf Provinzebene der Einfluss der Parteizentrale unmittelbar erkennbar war, entwickelten sich auf Kreisebene unterschiedliche Muster. Hier gab es meist keine klar abgegrenzten Fraktionen, die um Einfluss in den neuen Machtorganen stritten und überdies direkten Zugang nach Peking besaßen. Vielmehr verbreitete sich hier die kulturrevolutionäre Rhetorik und die von ihr beförderte Entmenschlichung vermeintlicher Gegner in einem weitgehend rechtlosen Raum, in welchem ethnische Konflikte, ältere Sippenstreitigkeiten oder die anhaltende Unterdrückung der «schwarzen» Klassen ausgefochten wurden. Zahlreiche der schlimmsten Massaker der Kulturrevolution ereigneten sich in ländlichen Regionen. Im Kreis Dao in Maos Heimatprovinz Hunan bekriegten sich im Gefolge von Maos Politik der «Bewaffnung der Linken» im August 1967 zwei Fraktionen erbittert, einerseits die vor allem aus Studenten bestehende «Revolutionäre Allianz», auf der anderen Seite die «Rote Allianz», in der sich neben Bauern auch zahlreiche Parteikader verbündet hatten. Nachdem die Studenten die Waffenbestände der lokalen Miliz geplündert und die Konkurrenz aus den Kreisstädten vertrieben hatten, reagierte die Rote Allianz mit Angriffen auf Haushalte mit «schlechtem» Klassenhintergrund in den Dörfern, da der Revolutionären Allianz vorgeworfen wurde, auch Mitglieder «schwarzer» Klassen in ihren Reihen zu dulden. Gestützt auf das Gerücht, dass die unmittelbare Rückkehr Chiang Kai-sheks auf das Festland drohe und die alten Klassenfeinde einen Aufstand planten, wurden einer späteren Parteiuntersuchung zufolge innerhalb von drei Monaten in der Präfektur Linling, zu welcher der Kreis Dao zählt, über 9000 «unnatürliche» Todesfälle registriert. Angeführt wurden die Massaker zumeist von Anhängern der Roten Allianz, darunter prominente lokale Partei- und Milizvertreter. Aber auch zahlreiche persönliche Konflikte wurden unter dem Deckmantel des Klassenkampfes ausgetragen. Einen Tötungsbefehl der Parteizentrale gab es nicht, vielmehr reagierte die Führung mit der Entsendung einer Armeeeinheit, nachdem ihr Berichte über die Vorgänge zugegangen waren, die jedoch Wochen brauchte, um die Lage zu befrieden. Bis heute fehlen detaillierte Untersuchungen zu Tätern und ihren Motiven in der Kulturrevolution.

Der große strategische Plan und das Ende der Massenbewegung

Nach dem katastrophalen Scheitern des Versuchs, vermeintlich loyale Massenorganisationen zu bewaffnen, begab sich Mao im Spätsommer 1967 auf eine längere Reise durch die Provinzen, um in Gesprächen mit lokalen Partei- und Militärvertretern einen klareren Eindruck von der Gesamtsituation zu erhalten. Offiziell beschrieb er seinen Eindruck als «nicht nur gut, sondern exzellent»! Der «große strategische Plan», der in Mao Zedongs Namen ab September 1967 propagiert wurde, hatte mit der ursprünglich verkündeten revolutionären Selbsterziehung der Massen nur noch wenig gemein. Der «Plan» bestand in der Forderung nach rascher Formierung von Revolutionskomitees auf Basis des «Dreifachen Zusammenschlusses» von revolutionären Kadern, Vertretern der Massenorganisationen und des Militärs. Dabei sei den Anweisungen Maos Folge zu leisten, «egal ob wir sie verstehen oder einstweilen nicht verstehen». Hinter diesem leicht modifizierten Zitat aus einer Rede Lin Biaos (dieser hatte die Qualifizierung der Aussage durch «einstweilen» nicht für nötig befunden) verbarg sich letztlich die Aufgabe des Anspruchs, mit der Kulturrevolution eine mündige sozialistische Bevölkerung heranzuziehen, die selbstbewusst den Verlockungen kapitalistischer Restaurationsversuche Einhalt gebieten würde. Stattdessen wurden strikter Gehorsam und unhinterfragtes Ausführen hierarchischer Befehle eingefordert.

Es kommt nicht von ungefähr, dass in dieser Phase der Bewegung der Kult um den Vorsitzenden Mao neue Blüten trieb. Nachdem Mao Zedong den Kult in der Anfangsphase der Bewegung bewusst als Mittel charismatischer Mobilisierung geschürt hatte, entwickelte sich die Verehrung nunmehr in ein System ritualisierter Loyalitätsbekundung. Nicht die inhaltliche Durchdringung der Schriften Maos, sondern die Übereinstimmung jeglicher Handlung mit den aktuell propagierten «Höchsten Anweisungen» des Vorsitzenden war das Gebot der Stunde. Da Maos Aussagen sich keineswegs zu einem widerspruchsfreien System fügten, entwickelten sich regelrechte Zitat- und Symbolkriege, in denen jede Fraktion ihre Position mit treffenden Bruchstücken aus dem Kleinen Roten Buch unterfütterte. Letztlich setzten die neuen Machtorgane den Kult als Mittel zur Konfliktbefriedung ein, indem sie die gewünschte Auslegung der Direktiven vorgaben und zur Not gewaltsam durchsetzten. Diese Entwicklung begünstigte ein Klima umfassender verbaler wie körperlicher Huldigungen an Mao Zedong, der «rötesten, roten Sonne in unseren Herzen». Jede Fraktion und jedes Revolutionskomitee versuchte, die Konkurrenz durch Darbietungen der eigenen Loyalität zu übertreffen. Jeder Sprechakt und jede Handlung wurde auf Kongruenz mit den Schriften Maos überprüft, so dass zeitweise Zitatfragmente sogar den mündlichen Diskurs dominierten. Ein grassierender Superlativismus, Geschenke und vorgebliche Wundertaten, wie die Heilung von

Krebs oder Taubheit mittels der Aussprüche Mao Zedongs, waren ebenso Teil des Phänomens wie neu entwickelte «Loyalitätstänze» oder «Zitatgymnastik». Besonders die neuen Machtorgane verfügten auch über materielle Ressourcen, um die Verehrung in Form von Statuen, Ansteckern oder gar Museen zu demonstrieren. Kultsymbole entwickelten sich zur Massenware, die jedoch nicht mit dem Ziel des Erwerbs finanziellen, sondern symbolischen Kapitals produziert wurden. Mao und die Parteiführung hatten die Verbreitung von Kultsymbolen nach 1949 rigide eingeschränkt. Nun aber entstanden Abertausende von Statuen. Die ultimative Statuenhöhe, erstmals Ende 1967 von rotgardistischen Numerologen erfunden, bestand aus einer Podesthöhe von 5,16 Metern (in Erinnerung an die Direktive des 16. Mai 1966) in Verbindung mit einer Statuenhöhe von 7,1 Metern (symbolisch für den 1. Juli, den Gründungstag der Partei). Kumuliert ergaben sich so 12,26 Meter, in Erinnerung an Maos Geburtstag am 26. Dezember. Die Betonung der symbolischen Dimension von Treue zum System hatte aber auch eine Kehrseite: Die aus Versehen erfolgte Beschädigung einer Statue, eines Mao-Emblems oder nur ein Versprecher bei der Wiedergabe eines Mao-Zitats diente nunmehr als klarer Beweis konterrevolutionärer Einstellung. Das durch die militärischen Kontrollorgane verhängte Strafmaß in solchen Fällen von «konterrevolutionärer Schmähung» war dabei oft gänzlich willkürlich und machte weder für Minderjährige noch für psychisch Kranke Ausnahmen.

Das Ende der rotgardistischen Massenbewegung wurde ebenfalls mittels einer Mischung aus Zwang und Kulthandlungen kommuniziert. Mao wählte hierzu die Beendigung der langwierigen Konflikte zwischen Rotgardisten-Fraktionen an den Pekinger Universitäten aus. Nachdem Versuche einer gütlichen Einigung gescheitert waren, beorderte Mao eine rund 30000 Personen umfassende «Arbeiterpropagandagruppe» zur Machtübernahme an die Universitäten der Hauptstadt. De facto handelte es sich dabei ebenfalls um eine externe Arbeitsgruppe, eine Maßnahme, für die Liu Shaoqi zu Beginn der Kulturrevolution scharf kritisiert worden war, wenngleich Arbeiter

und nicht Parteikader die Mehrheit der Entsandten stellte. Zum
Brennpunkt der Auseinandersetzung wurde die Qinghua-Universität. Kuai Dafus Anhänger erkannten die Autorität der Entsandten nicht an, und bei den folgenden Konflikten kamen
einige Arbeiter ums Leben. Daraufhin bestellte Mao die führenden fünf Rebellenführer Pekings zu sich und verkündete ihnen,
dass nun die Stunde geschlagen habe, in welcher sie, die «Kleinen Generäle», für ihre Fehler im Verlauf der Bewegung ein-
stehen müssten. Maos Hauptvorwurf bestand darin, dass sich
die Rebellen von der Bevölkerung entfremdet hätten («Die Bevölkerung will keinen Bürgerkrieg!») und die Fraktionen zu
keinen Bündnissen fähig seien. Auch wenn er mehrfach seine
prinzipielle Sympathie gegenüber den Rebellen zeigte, stellte er
unmissverständlich fest: «Wenn jemand noch weiter Widerstand leistet, gegen die Volksbefreiungsarmee kämpft, den Ver-
kehr lahmlegt, Menschen umbringt oder Feuer legt, dann be-
geht er damit Verbrechen. Wenn eine Minderheit auf solche
Ermahnungen nicht hört und hartnäckig versäumt, sich zu
ändern, dann sind das lokale Banditen, dann ist das das Guomindang, wir werden sie umzingeln und wenn sie noch weiter
Widerstand leisten, dann müssen sie vernichtet werden.» Als
Ausdruck seiner Befürwortung der Aktionen der Propaganda-
truppen sandte er ihnen einige Dutzend Mangos, die er kurz
zuvor von einer pakistanischen Delegation erhalten hatte. Um
die Früchte entwickelte sich ein veritabler eigener Kult, der
zweifellos zu den absurdesten Episoden der Kulturrevolution
zählt und darin gipfelte, dass einige der Mangos in Sonderzügen
in die Provinzhauptstädte gefahren und von Hunderttausenden
begeistert empfangen wurden. Noch Monate später erhielten
nach Peking reisende Delegationen aus den Provinzen Plastik-
reproduktionen der Mangos in aufwändig konstruierten Glas-
kästen als Beleg für das Wohlwollen der Parteizentrale, was die
Wertschätzung, die diesen technisch reproduzierten Kultobjek-
ten entgegengebracht wurde, jedoch in keiner Weise minderte.

Während die aus der arbeitenden Bevölkerung stammenden
Mitglieder der Rebellenverbände nach der offiziellen Beendigung der Massenphase wieder in ihren Einheiten integriert wur-

den und die Grund- und Mittelschüler zumindest dort, wo noch Lehrpersonal gefunden werden konnte, den Schulbetrieb wieder aufnahmen, wurden die älteren Rotgardisten zur ideologischen Umerziehung aufs Land und in Fabriken geschickt. Teilweise geschah dies in ihrer Heimatprovinz, aber gerade die Rotgardisten aus den großen Städten wurden zumeist in abgelegene Grenzregionen wie die Innere Mongolei oder in die «große nördliche Wildnis», die Mandschurei, geschickt. Zwischen 1968 und 1980 betraf diese Maßnahme knapp 17 Millionen städtische Jugendliche. Die Gründe für dieses Vorgehen, das in kleinerem Maßstab und auf freiwilliger Basis bereits seit den späten 1950er Jahren in China Anwendung gefunden hatte, waren in erster Linie politisch. In Anbetracht der zahllosen Konflikte unter den Rotgardisten diente die Landverschickung als Mittel der ideologischen Umerziehung, der Regimestabilisierung und gleichzeitig als Versuch, die Revolution durch Sozialexperimente am Leben zu halten. Schließlich spielten auch ökonomische Aspekte eine, wenn auch untergeordnete, Rolle. Die Landverschickung sollte den städtischen Arbeitsmarkt und das zentrale Budget entlasten sowie zu einer Überbrückung des Unterschieds zwischen Stadt und Land beitragen. Die Konsequenzen des Experiments sind bis heute heftig umstritten. Während ein Großteil der Forschung die negativen Folgen sowohl in politischer wie ökonomischer Hinsicht betont, verweisen neuere Arbeiten unter anderem auf erfolgreichen Wissens- und Ressourcentransfer. Letztere Aspekte sollten jedoch nicht überbetont werden, da es sich hierbei eher um nicht-intendierte Nebeneffekte und spätere Rationalisierungen der Maßnahme handelt. Mit der forcierten Landverschickung der Rotgardisten, der Etablierung der Revolutionskomitees und personellen Umbesetzungen an der Parteispitze im Oktober 1968 fand die Kulturrevolution im Sinne des «16-Punkte-Programms» ihr Ende. Es folgten einige der dunkelsten Jahre der volksrepublikanischen Geschichte, in denen sich die neuen Herrschaftsorgane mittels militärischer Repression und ausufernder Säuberungskampagnen zu stabilisieren trachteten.

V. Staatliche Repression und Militärdominanz

Säuberungskampagnen und Opferzahlen

Entgegen dem allgemeinen Eindruck forderten nicht die gewaltsamen Fraktionskämpfe zwischen Rebellenorganisationen im Jahr 1967 und auch nicht der rotgardistische Terror zu Beginn der Kulturrevolution die meisten Opfer der Bewegung. Vielmehr belegen jüngste Forschungen eindrucksvoll, dass die in chinesischen Publikationen meist unter dem Vorzeichen der Wiederherstellung von Recht und Ordnung diskutierte Phase zwischen Mitte 1968 und 1971 der blutigste Zeitabschnitt der Kulturrevolution war. Auf Basis lokaler Chroniken lässt sich nachweisen, dass rund 75 Prozent der Todesopfer und sogar 90 Prozent der politisch Verfolgten erst nach dem Ende der Massenphase zu beklagen waren. Dies hat weitreichende Konsequenzen für unser Verständnis der Kulturrevolution. Ohne die Gräueltaten der Rotgardisten und der Rebellenschlachten zu verharmlosen, muss deutlich konstatiert werden, dass staatliche Akteure für die überwiegende Mehrheit der Gewalttaten dieses Zeitraums verantwortlich waren. Der massive Anstieg der Opferzahlen verläuft parallel zu der Etablierung der neuen Revolutionskomitees. Andrew Walder zufolge handelte es sich hierbei um den Beginn «einer massiven Kampagne staatlich gelenkten Terrors», die in der Willkür der Bestimmung politischer Gegner ohne Beispiel in der volksrepublikanischen Geschichte sei und an das stalinistische Terrorregime gemahne. Hierbei muss allerdings zwischen drei unterschiedlichen Säuberungskampagnen unterschieden werden, die innerhalb dieses Zeitraums die neuen Machtorgane stabilisieren sollten. Erstens, die Kampagne zur «Säuberung der Klassenränge», deren Hauptphase zwischen Mitte 1968 und Anfang 1969 anzusiedeln ist; zweitens, die «Ein Schlag, drei Anti»-Kampagne des Jahres 1970, die einem «Schlag» gegen die Konterrevolution gewidmet war sowie ferner drei wirtschaftliche Übel anprangerte: Unterschlagung, Profitgier und Verschwendung; und schließlich die bereits erwähnte Kampagne gegen die «Elemente des 16. Mai» zwischen Mitte 1967 und 1973. Diese forderte zwar weniger Todesopfer als die anderen Kampagnen, führte aber aufgrund ihrer gänzlich vagen Ausrichtung zur willkürlichen Verfolgung von geschätzt 3,5 Millionen Menschen.

Mit Abstand am opferreichsten war die «Säuberung der Klassenränge». Die nominell von Zhou Enlai geleitete Kampagne verlief lokal höchst unterschiedlich. Das an Unklarheit nicht zu überbietende Ziel bestand darin, «schlechte Personen» ausfindig zu machen und zu eliminieren. In Ermangelung konkreter Vorgaben der Parteizentrale nutzten die meisten Revolutionskomitees die Kampagne als einen Freifahrtschein zur Ausschaltung jeglicher Form von Opposition. Die Suche betraf sowohl die Mitglieder der neuen Machtorgane als auch die übrige Bevölkerung. Zumeist begann die Kampagne daher mit politischen Hintergrundüberprüfungen. Jegliche Form vormaliger negativer Kategorisierung oder politischer Kritik diente als Beleg für eine potentielle Gefahr. Damit gerieten neben den «schwarzen» Klassen sowie ohnehin inhaftierten Gegnern insbesondere auch Vertreter der Rebellengruppen in den Blick. Nicht zuletzt stellt die Kampagne einen Höhepunkt politischer Paranoia hinsichtlich der Existenz feindlicher Organisationen dar. In vielen Landesteilen wurden vermeintliche «Untergrundparteien» ausgehoben, deren angebliche Mitgliederzahlen häufig in die Tausende oder gar Zehntausende gingen. Am schlimmsten wütete die «Säuberung der Klassenränge» in der Autonomen Region Guangxi an der Nordostgrenze Vietnams. Die Nähe zum Kriegsgebiet hatte Mao Zedong darin bestärkt, auf Stabilität zu setzen und mit General Wei Guoqing einen militärischen Führer des Revolutionskomitees zu stützen, der seine Macht mit aller Härte gegen Umsturzversuche der Rebellen verteidigte. Nach der blutigen Unterdrückung einer konkurrierenden Rebellenfraktion mit Hilfe des Einsatzes schwerer Artillerie setzte eine umfassende Suche nach Mitgliedern feindlicher Netzwerke ein und führte zur Verfolgung und Hinrichtung von Tausenden von

Opfern. In ländlichen Regionen Guangxis richteten Milizführer und lokale Parteivertreter grausamste Massaker an. Auch Kannibalismus an vermeintlichen Klassenfeinden ist vielfach belegt. Ein Großteil der offiziell knapp 83 000 Todesopfer der Kulturrevolution in Guangxi fiel dieser Kampagne zum Opfer. Rund 200 000 missliebige Personen wurden zwangsweise von den Städten zur Umerziehung aufs Land geschickt. Die Gründe für die besonders ausgeprägte Gewalt in Guangxi sind vielfältig. Yang Su nennt neben der in ganz China erfolgten Ausgrenzung und Verfolgung der «schwarzen» Klassen unter anderem den Verlust rechtlicher und moralischer Normen sowie langwierige ethnische und soziale Spannungen, etwa zwischen den eingewanderten Hakka und der lokal ansässigen Bevölkerung, als Gründe. Auch in anderen Grenzregionen wie der Inneren Mongolei und Tibet spielte die ethnische Dimension eine wichtige Rolle und auch hier waren hohe Opferzahlen zu beklagen. Aber letztlich spielte das Verhalten lokaler Akteure in spezifischen Situationen eine entscheidende Rolle, da keineswegs in allen Kreisen Guangxis, in denen strukturell vergleichbare Konfliktpotentiale bestanden, großflächige Gewalt ausbrach.

Während lokale Massaker zumeist ohne direkte Billigung der Parteispitze durch Kräfte vor Ort (oft Milizen, teilweise auch Parteimitglieder) erfolgten, war ein weiterer Grund für die rasant steigende Opferzahl, dass die seit 1957 vorgesehene Überprüfung aller Todesurteile durch den Obersten Volksgerichtshof ab 1967 nur noch auf dem Papier bestand. Zwar mussten offiziell weiterhin die Todesurteile von der Parteizentrale bestätigt werden, dies wurde aber nicht von allen lokalen Führungsorganen berücksichtigt. 1970 erhielten die Regionen während der «Ein Schlag, drei Anti»-Kampagne gar offiziell das Recht der Letztentscheidung über Leben und Tod, das einzig mit einer Berichtspflicht der Hinrichtungszahlen an die Zentrale einherging. Damit lag die Bestimmung des Strafmaßes verurteilter Straftäter weitgehend im Ermessen lokaler Militärkontrollkommissionen, die nicht zuletzt aus didaktischen Gründen auf Abschreckung durch Hinrichtung setzten. Aber nicht alle Gräueltaten geschahen ohne Wissen oder direkte Beeinflussung der Parteiführung. Bereits im Mai 1966 war die sogenannte Zentrale Sonderfallkommission eingerichtet worden, eine Schwesterorganisation der Zentralen Gruppe Kulturrevolution unter dem Vorsitz Zhou Enlais. Hauptaufgabe der Institution war es, politische Feinde der Partei zu enttarnen. Der Schwerpunkt lag zunächst auf Individuen, später auch auf Gruppen wie den angeblichen «Elementen des 16. Mai». Die Sonderfallkommissionen bildeten in vielerlei Hinsicht ein strukturelles Äquivalent zur Geheimen Staatspolizei des Nationalsozialismus, auch wenn der Grad der Institutionalisierung und Kontrolle, insbesondere auf lokaler Ebene, deutlich geringer war.

Bis heute hat die Partei keine offiziellen Opferstatistiken der Kulturrevolution veröffentlicht, aber die verlässlichsten Schätzungen gehen von zwischen 1,5 und 1,8 Millionen Todesopfern aus. Hinzu kommen eine etwa gleich hohe Anzahl dauerhaft körperlich Versehrter sowie 22 bis 30 Millionen direkt politisch Verfolgte. Geht man davon aus, dass der durchschnittliche chinesische Haushalt während der Kulturrevolution aus etwa sechs Personen bestand und zumeist «Sippenhaft» galt, also politische Verfolgung eines Familienmitglieds mit der sozialen Stigmatisierung der gesamten Familie einherging, überschreitet die Zahl der indirekt Betroffenen deutlich die 100-Millionen-Grenze. Die Größenordnung der Zahlen ist nicht leicht einzuordnen. Die Zahl der politisch Verfolgten übertrifft zweifellos alle anderen politischen Massenkampagnen der volksrepublikanischen Geschichte und berührte, aufgrund der zahlreichen Kehrtwendungen der Bewegung, unterschiedlichste Bevölkerungsschichten. Was die Zahl der Todesopfer angeht, liegt die Kulturrevolution eher unter den Vergleichszahlen früherer Kampagnen wie der Landreform oder der «Unterdrückung der Konterrevolution» kurz nach Gründung der Volksrepublik, von den Dutzenden Millionen Toten des Großen Sprungs ganz zu schweigen. Die Zahl der Todesopfer entspricht in etwa den Opfern des Terrors der Roten Khmer in Kambodscha, allerdings mit dem Unterschied, dass die chinesische Bevölkerung die kambodschanische um das 100-fache übertraf. So furchtbar der Blutzoll der Kulturrevolution war, so sehr muss man in Anbetracht der

Opferzahlen anderer kommunistischer Parteikampagnen auf die spezifischen politischen Gründe für die Herausstellung der Kulturrevolution als eines präzedenzlosen Ereignisses in der chinesischen Geschichte eingehen. In keiner anderen Kampagne war die Zahl kommunistischer Parteifunktionäre unter den Opfern auch nur annähernd so hoch wie in der Kulturrevolution. Keine andere politische Massenkampagne war aus Sicht altgedienter Parteimitglieder so selbstzerstörerisch. Die Gründe für die spätere «totale Negation» der Kulturrevolution durch die Partei sind somit eher in der Sorge um Regimestabilität als im Vergleich absoluter Opferzahlen zu suchen.

Neunter Parteitag und Kriegsszenarien

Wenn Mao Zedong im Herbst 1968 die politische und gesellschaftliche Situation der Volksrepublik aufmerksam analysierte, so mussten ihm die konkreten Ergebnisse der Kulturrevolution bis zu diesem Zeitpunkt erhebliche Zweifel bereiten. Die zur Rebellion aufgerufene städtische Jugend Chinas war im Begriff, landverschickt zu werden und die Parteiorganisation nach zwei Jahren ununterbrochener Angriffe in miserablem Zustand. Zwar waren landesweit neue Revolutionskomitees installiert worden, aber ihre Zusammensetzung spiegelte keineswegs den Aufstieg einer neuen Führungsgeneration gemäß den fünf Kriterien für revolutionäre Nachfolger, die er 1964 aufgestellt hatte. Nicht demokratischer Arbeitsstil, Konsensbildung und die Fähigkeit zur Selbstkritik charakterisierten die Arbeitsweise vieler der rund 48 000 Mitglieder der Revolutionskomitees, von denen mit Abstand die größte Gruppe dem Militär entstammte, sondern unbedingter Gehorsam gegenüber der Parteizentrale und die harsche Durchsetzung eigener Interessen im lokalen Umfeld. Auch wenn einige der Arbeiterrebellen in den Komitees vertreten waren, gelangten nur wenige von ihnen später in nationale Führungspositionen, wie der Shanghaier Rebellenführer Wang Hongwen.

Im April 1969 berief Mao Zedong unter konspirativen Umständen den längst überfälligen Neunten Parteitag in Peking

ein. Nachdem auf dem 12. Plenum des Achten Parteitags im
Oktober 1968 Liu Shaoqi offiziell aus der Partei ausgeschlossen
und Deng Xiaoping aller Parteiämter enthoben worden war, bestand die dringlichste Aufgabe des Kongresses darin, eine neue
Führungsebene der Partei abzusegnen. Die Wahl der 279 Mitglieder und Kandidaten des Zentralkomitees bestätigte die
enorm gewachsene Präsenz des Militärs. Mehr als ein Drittel
der Gewählten gehörte dem Militär an, was mehr als eine Ver-
dopplung der Repräsentation gegenüber dem letzten Parteitag
bedeutete. Vertreter der Rotgardisten beschränkten sich auf
einen symbolischen Anteil. Die Zahl der Arbeiter- und Bauern-
vertreter stieg hingegen deutlich an, ohne dass hiermit ein effektiver Machtgewinn verbunden gewesen wäre. Die verbliebenen
Altfunktionäre in der Führungsspitze bildeten unter Macht-
aspekten keinerlei Gefahr für Mao Zedong. Ihnen kam jedoch,
etwa im Falle von Ministerpräsident Zhou Enlai oder den Wirt-
schaftsspezialisten Li Xiannian oder Li Fuchun, eine wichtige
Funktion im politischen Alltagsgeschäft zu. Zunehmend bildeten sich an der Parteispitze somit drei mehr oder minder lose
Fraktionen heraus: die maoistische Linke um die verbliebenen
Mitglieder der Zentralen Gruppe Kulturrevolution, die im Gefolge des Neunten Parteitags als Institution zu existieren auf-
hörte; Militärvertreter, zumeist aus dem Umfeld Lin Biaos, mit
einigen prominenten Ausnahmen wie General Ye Jianying; und
schließlich die politisch Überlebenden des alten Regimes wie
Zhou Enlai oder die Wirtschaftsplaner. Die Allianzen verliefen
dabei nicht immer klar und trennscharf, auch wenn der persönliche Hintergrund oder Loyalitätsbande zu unterschiedlichen
Präferenzen hinsichtlich des weiteren Verlaufs der Bewegung
führte. Insgesamt betonte die Rhetorik der Verlautbarungen
des Neunten Parteitags eindeutig den Zusammenschluss unterschiedlicher Strömungen und den Kampf gegen den gemeinsamen Feind, den Revisionismus innerhalb und außerhalb der
Volksrepublik.

Der Kongress verabschiedete überdies eine neue Parteiver-
fassung, in welcher Lin Biao offiziell als Nachfolger Mao Zedongs festgeschrieben wurde, ein einmaliger Vorgang in der

Parteigeschichte. Ein genaues Prozedere oder ein Zeitpunkt der Amtsübergabe wurde nicht aufgeführt. Der von Lin Biao verlesene, aber von Zhang Chunqiao und Yao Wenyuan verfasste Parteitagsbericht betonte die Erfolge und den «Sieg» der Kulturrevolution. Der Bericht verglich die Bewegung mit einer Blutinfusion, die der Partei neue, proletarische Mitglieder zugeführt und, mit unverhohlenem Zynismus, gleichzeitig «Abfall» aus der Partei ausgeschieden habe. Der Tod von Marschall He Long aufgrund bewusster Fehlmedikation zwei Monate später sowie die unzureichende medizinische Versorgung, die zum Tod des vormaligen chinesischen Staatspräsidenten und Mao-Nachfolgers Liu Shaoqi Anfang November 1969 beitrug, illustrierten die unmittelbaren Konsequenzen der Entmenschlichung politischer Gegner in aller Deutlichkeit. Auch wenn Mao anders als Stalin seine vermeintlichen Gegner nicht massenweise liquidierte, so erhielt sein berühmter Ausspruch von 1942, dass der Sinn von Säuberungskampagnen darin bestehe, «die Krankheit zu bekämpfen, um den Patienten zu heilen», in Anbetracht der hohen Opferzahlen 1968/69 einen zynischen Beigeschmack.

Zur Rechtfertigung der Bewegung verwies der Parteitagsbericht erneut auf den Fortbestand des Klassenkampfes angesichts der Bedrohung durch innere und äußere Feinde. Obgleich der Begriff der «neuen Bourgeoisie» mit Rückgriff auf ein Lenin-Zitat Anwendung fand, so wurden «Überreste» der alten Klassen und alten Denkens als Ursachen angeführt und nicht die Genese einer neuen privilegierten Klasse aus dem Schoß der Partei. Diese Deutung hatten Mitglieder der Rebellenorganisation *Shengwulian*, insbesondere Yang Xiguang, Anfang 1968 in Maos Heimatprovinz Hunan öffentlich propagiert und nicht zuletzt aus Mao Zedongs Anspielungen zu Beginn der Kulturrevolution abgeleitet. In einem «Wohin bewegt sich China?» betitelten Manifest, das als Samisdat-Text im Untergrund weite Verbreitung fand, skizzierte Yang eine Entwicklung, derzufolge sich die Mehrheit der Parteimitglieder in eine repressive Ausbeuterklasse verwandelt habe. Doch ähnlich wie im Falle Yu Luokes schreckte Mao vor der letzten Konsequenz seiner systemkritischen Äußerungen, eines Sturzes der Parteidiktatur, zu-

rück und ließ die Mitglieder der Organisation als Konterrevolutionäre verhaften. Yangs spätere Portraits von Mitinhaf-
tierten zählen zu den lesenswertesten Einblicken in die «Unter-
welt» der Kulturrevolution. Yang Xiguang, Yu Luoke oder
auch die 1975 hingerichtete und später zur Märtyrerin er-
hobene Zhang Zhixin, die insbesondere den Personenkult um
Mao Zedong kritisiert hatte, stehen beispielhaft für eine weitaus größere Zahl kritischer Stimmen, welche die Kulturrevolution oder die Parteidiktatur aus unterschiedlichsten Motiven
kritisierten. Die meisten erlangten jedoch keinen ähnlichen
Bekanntheitsgrad, so dass noch immer zahllose Beispiele kritischen Denkens und unerhörten Mutes im Angesicht staatlicher
Repression in den Archiven der chinesischen Strafverfolgungsbehörden schlummern.

Der Bericht des Neunten Parteitags ging auf diesen Deutungs-
strang der Genese einer funktionalen Bourgeoisie aus den Privilegien der Parteielite nicht mehr ein. Vielmehr wurde darauf
verwiesen, dass die geistige Einstellung des Kleinbürgertums
und die Fortdauer des Revisionismus in der Sowjetunion nach
wie vor eine Gefahr für ein Wiederentstehen des Kapitalismus
darstellten. Daher sei, trotz des Sieges der Kulturrevolution, die
Wachsamkeit aufrechtzuhalten und der Kampf im Überbau
fortzuführen. Damit ließ der Bericht offen, ob die Kulturrevolution nunmehr siegreich abgeschlossen war und möglicherweise
in einigen Jahren eine «zweite Kulturrevolution» folgen würde
oder ob die Bewegung unvermindert fortdauere. In seinem Brief
an Jiang Qing aus dem Juli 1966 hatte Mao kulturrevolutionäre
Kampagnen im Rhythmus von jeweils sieben bis acht Jahren
angekündigt, was ein erneutes Aufleben der Kampagne für
1973/74 erwarten ließ.

Außenpolitisch wurde der Neunte Parteitag von einer schweren Krise in den ohnehin stark belasteten Beziehungen zur Sowjetunion begleitet. Im März 1969 lieferten sich beide Seiten be-
waffnete Scharmützel um eine kleine Insel im Grenzfluss Ussuri.
Die Provokation scheint dabei von chinesischer Seite ausgegan-
gen zu sein. Diese erlitt im letzten von drei begrenzten Waffen-
gängen eine vernichtende Niederlage. Die Gefahrenwahrneh-

mung steigerte sich im Verlauf des Jahres, trotz eines vermittelnd gedachten Besuchs des sowjetischen Ministerpräsidenten Kossygin im September 1969. Gerüchte von einem bevorstehenden Atomschlag machten die Runde. Zwar war China seit Oktober 1964 ebenfalls Atommacht und hatte 1967 erstmals eine Wasserstoffbombe erfolgreich getestet, aber die chinesischen Bestände hielten dem Vergleich mit der Sowjetunion nicht stand. In Folge der Kriegsszenarien intensivierte die chinesische Führung ihre Investitionen in die sogenannte Dritte Front. Hiermit war eine fiktive Inlandsfront in einem möglichen Krieg mit einer der Supermächte gemeint, die sich tief im chinesischen Kernland von Nordchina bis nach Südwestchina zog und im Fall einer Invasion kaum vollumfänglich zu erobern gewesen wäre. Hier versuchte Mao bereits seit 1964 mit hohem staatlichem Investitionsaufwand autarke Industriecluster der wichtigsten Produktionszweige anzusiedeln, um einen möglichen Verlust der ostchinesischen Küstenregionen sowie des Schwerindustriezentrums in Nordostchina im Falle eines Angriffs verkraften zu können. Die verlustreichen Investitionen wurden noch bis 1979 fortgesetzt, allerdings nach 1971 mit deutlich verringertem Volumen.

Das außenpolitische Kriegsszenario dient zweifellos auch dem Zusammenschluss der innenpolitischen Lager, aber Mao Zedong scheint einen möglichen Überraschungsangriff der Sowjetunion im Oktober 1969 für nicht unwahrscheinlich gehalten zu haben. Erstmals seit Gründung der Volksrepublik China entfiel aufgrund der vermeintlichen Kriegsgefahr die Parade am Nationalfeiertag. Zwei Wochen später vermutete Mao gar, dass in Anbetracht anstehender sino-sowjetischer Grenzgespräche die chinesische Führung in Sicherheit gewiegt werden solle, während ein atomarer Erstschlag der Sowjetunion drohte. Mao ließ die Mitglieder der Führung in unterschiedliche Regionen ausfliegen (die Maßnahme betraf auch den ehemaligen Staatspräsidenten Liu Shaoqi, der kurz nach dem Transport in Hefei verstarb) und Lin Biao versetzte die Armee in Alarmbereitschaft. Der Befehl zur Mobilisierung, von Stabschef Huang Yongsheng unglücklich als «Erster mündlicher Befehl des Vize-

Vorsitzenden Lin» tituliert, führte gemäß der Interpretation führender chinesischer Parteihistoriker zu einer nachhaltigen Verstimmung Mao Zedongs. Obgleich der Befehl inhaltlich mit Mao abgestimmt war, ließ der Titel eine Folge weiterer Befehle Lins erwarten und zeigte dem Parteivorsitzenden, dass Lin Biao umstandslos den gesamten Militärapparat mobilisieren konnte. Auch ohne offen erkennbare Illoyalität Lins beförderte die Situation ein wachsendes Misstrauen Mao Zedongs gegenüber der Militärführung, das letztlich im offenen Bruch zwischen dem Parteivorsitzenden und seinem gerade erst offiziell inthronisierten Nachfolger gipfelte.

Die Lin-Biao-Affäre

Die Affäre um den Tod Lin Biaos zählt zu den umstrittensten Ereignissen der Kulturrevolution. Viele Quellen stammen aus Kritikmaterial, das die Partei nach den Ereignissen selber in Umlauf brachte und dessen Einordnung ohne Zugang zu den relevanten Archiven nur näherungsweise möglich ist. Lins scheinbar unaufhaltsamer Aufstieg zwischen 1966 und 1969 war primär der Unterstützung Mao Zedongs geschuldet, der im Helden des Bürgerkriegs einen loyalen Verbündeten erblickte. Lin Biao hütete sich davor, mit eigenen politischen Plänen im Verlauf der Bewegung aufzuwarten, und beschränkte sich vor allem auf eine möglichst enge Übereinstimmung seiner Aussagen mit der aktuellen Linie Mao Zedongs. Innerhalb der Armee nutzte der kontaktscheue Lin die Bewegung mehrfach zur Konsolidierung seiner persönlichen Netzwerke und zum Sturz unabhängiger Führungspersönlichkeiten. Seit 1968 waren die zentralen militärischen Schlüsselpositionen mit Personen besetzt, die Lin persönlich loyal ergeben waren. Zu Beginn der Kulturrevolution bestand eine weitgehende Interessensübereinstimmung zwischen Lin Biao und der maoistischen Linken um Jiang Qing. Dies änderte sich jedoch im Verlauf des Jahres 1967, insbesondere mit den wachsenden Angriffen auf das Militär, die in der Folge zum Sturz einiger Mitglieder der Zentralen Gruppe Kulturrevolution führten. Hier zeigten sich deutliche Risse und

Anfänge der Bildung abgegrenzter Fraktionen, zumal Lin mit Verachtung auf «Schreiberlinge» wie Zhang Chunqiao und Yao Wenyuan herabblickte.

Offen zutage trat der Konflikt im August 1970 auf dem Zweiten Plenum des Neunten Parteitags, das auf dem Lushan stattfand, einem berühmten Berg in der Provinz Jiangxi, der auch schon früher Ort von wichtigen Plenarsitzungen gewesen war, nicht zuletzt im Jahr 1959 während des Konflikts über die Richtung des Großen Sprungs. Die Spannungen zwischen den ehemaligen Mitgliedern der Zentralen Gruppe Kulturrevolution und Lin Biaos Getreuen, denen sich nunmehr auch Chen Boda angeschlossen hatte, konzentrierten sich auf zwei Aspekte: Auf die Frage nach der Abschaffung des Amtes des Staatspräsidenten sowie auf die mögliche Reduzierung des Personenkults um Mao, insbesondere der exzessiven Verbalhuldigungen. In beiden Fällen ging es implizit auch um die Rolle Lin Biaos, der sich als «bester Schüler» Maos und größter Förderer des Kultes profiliert hatte. Wenn Mao das Amt des Staatspräsidenten als zu anstrengend ablehnte oder seine Werke nicht länger als «genial, schöpferisch und allseitig» bezeichnen lassen wollte, so ließ sich dies leicht als Ausdruck falscher Bescheidenheit deuten. Was Lin Biao unterschätzte, war die Tatsache, dass der exzessive Kult der Kulturrevolution mit Etablierung neuer Herrschaftsorgane für Mao seine Aufgabe weitgehend erfüllt hatte. Zhang Chunqiao hatte aufgrund seines engen Kontakts und der gemeinsamen Arbeit an Parteidokumenten Kenntnis vom Sinneswandel Mao Zedongs und sprach sich gegen die Verwendung der Begriffe aus. Tatsächlich war auch im öffentlichen Parteidiskurs die Verwendung kultischer Floskeln seit dem Herbst 1968 stark zurückgegangen. Chen Boda und Lin Biaos Generäle nutzten den Kult, insbesondere die Frage nach der Rolle von «Genies» in der Weltgeschichte, für einen Angriff auf die maoistische Linke, indem sie ihnen die Negation der historischen Größe Maos vorwarfen. Mao Zedong hatte in Anbetracht der ohnehin starken Rolle des Militärs und seiner ideologischen Präferenzen kein Interesse an einer Zerschlagung der Linken und reagierte mit harscher Kritik. Chen Boda wurde als Verbreiter «revisionistischer Genietheorien» und als «Pseudo-Marxist» gebrandmarkt. Letzterer Punkt war insofern pikant, als Chen über Jahrzehnte einer der wichtigsten Sekretäre Mao Zedongs gewesen war und eine Reihe bedeutender Texte Maos mitverfasst hatte. Lin Biaos Getreue mussten Selbstkritik üben. Inwiefern diese Entwicklung von Mao zielgerichtet gesteuert wurde oder überbordender Ehrgeiz in Lins Entourage die Ursache des Zerwürfnisses war, lässt sich nicht mit Sicherheit bestimmen. Auch wenn Lin Biao selber einstweilen nicht im Zentrum der Kritik stand, zeigte sich das zerrüttete Verhältnis anlässlich des Maifeiertags 1971 deutlich, als Lin Biao nur wenige Minuten auf dem Tor des Himmlischen Friedens erschien und Mao mit ihm kein Wort wechselte.

In Anbetracht der Tatsache, dass Mao mit Liu Shaoqi bereits zuvor einen Nachfolger beseitigt hatte, konnte sich Lin Biao seiner verbrieften Stellung nicht mehr sicher sein, zumal Mao gezielt die Position Lins und des Militärs durch Neubesetzungen und eine Stärkung der zivilen Kräfte im Partei- und Staatsapparat unterminierte. Im Rückblick beschrieb Mao Zedong sein Vorgehen als «Steine werfen, Sand streuen und die Eckpfeiler ausgraben». Im August 1971 war sich Mao seiner Stärke ausreichend sicher, so dass er auf einer mehrwöchigen Reise in Gesprächen mit wichtigen regionalen Militärführern und Parteisekretären Lin Biao offen als «schwarze Hand» hinter den Lushan-Vorgängen kritisierte und die Situation damit bewusst zuspitzte. Es gibt kein Anzeichen, dass Lin selber einen Putsch plante, aber sein in der Luftwaffe tätiger Sohn Lin Liguo entwickelte unter dem Codenamen «571» (im Chinesischen homophon mit «bewaffneter Aufstand») Attentatspläne auf Mao, den er als Despot im Range des ersten Kaisers der Qin-Dynastie beschrieb. Keiner von Maos vormaligen Verbündeten an der Parteispitze sei auf Dauer von seiner Willkür verschont geblieben. Die Attentatspläne wurden jedoch nicht in die Tat umgesetzt. Vielmehr kam es am Abend der Rückkehr Maos offenbar zu einer panischen Reaktion in der Familie Lins, die in der Flucht mit dem Flugzeug in Richtung Sowjetunion gipfelte. Möglicherweise hoffte Lin Biao, an seine Kontakte aus den späten 1930er Jahren anknüpfen zu können, als er längere Zeit zur Rekonvaleszenz von einer Kriegsverletzung in Moskau verbracht hatte. Das Flugzeug stürzte in den frühen Morgenstunden des 13. September 1971 über der Äußeren Mongolei ab. Trotz zahlreicher Gerüchte, die etwa von einem Abschuss des Flugzeugs ausgehen, erscheint es bei heutiger Quellenlage am wahrscheinlichsten, dass das Flugzeug bei einer Notladung aufgrund von vermutetem Treibstoffmangel in Flammen aufging und alle neun Insassen tötete. Obgleich die Parteizentrale frühzeitig über den Fluchtversuch informiert war, entschied sich Mao gegen den Abschuss, angeblich mit dem Ausspruch: «Lin Biao ist doch noch immer der stellvertretende Vorsitzende. Regen wird weiter vom Himmel fallen, Mädchen werden weiter heiraten, lasst ihn ziehen.»

Die Lin-Biao-Affäre markiert einen wichtigen Einschnitt. Mit der Flucht von Maos «engstem Waffengefährten» und designiertem Nachfolger erreichte die Folge von Putschen hochrangiger Parteiführer einen Punkt, an dem die zahllosen Richtungswechsel für viele chinesische Parteimitglieder und Bürger nicht mehr nachvollziehbar waren und viele die Sinnhaftigkeit der Kulturrevolution als solcher in Frage stellten. Am bekanntesten wurde später die Kritik der sogenannten Li-Yizhe-Gruppe, einem Zusammenschluss von drei jungen Rebellen in Kanton, welche die Kritik an Lin Biao für eine Generalabrechnung mit der Kulturrevolution nutzten und die Einführung einer «sozialistischen Demokratie» und eines Rechtssystems forderten. Auch wenn die Ereignisse über ein Jahr lang nur intern diskutiert wurden, verbreitete sich die Nachricht über viele Kanäle. Mao selbst soll gemäß der nicht immer verlässlichen Memoiren seines Leibarztes Li Zhisui von den Vorgängen psychisch stark mitgenommen worden sein. Auch die physische Gesundheit des zu diesem Zeitpunkt bereits 78-jährigen Mao verschlechterte sich in der Folge kontinuierlich. Doch bis zuletzt übte er maßgeblichen Einfluss auf die politischen Geschicke Chinas aus.

VI. Nachfolgekämpfe und gesellschaftlicher Wandel

Innenpolitische Konsolidierung und
außenpolitische Wende

Das Jahr 1972 unterscheidet sich in so fundamentaler Weise von den Geschehnissen und der Rhetorik der kulturrevolutionären Massenphase, dass es schwerfällt, die Zeitabschnitte unter dem Deckmantel der «zehnjährigen Katastrophe» zu verbinden. Die größte Kontinuität der verschiedenen Phasen des offiziell als «Kulturrevolution» bezeichneten Zeitraums besteht zweifellos in der fortdauernden Mao-Zentriertheit des politischen Systems. Niemand, auch nicht die wenigen verbliebenen prominenten Führungspersönlichkeiten wie Zhou Enlai, konnte sich aufgrund seiner institutionellen Stellung oder verbindlicher Partei- oder Gesetzesnormen dauerhaft sicher fühlen. Dennoch lässt sich nach der Lin-Biao-Affäre eine deutliche Konsolidierung der innenpolitischen Lage konstatieren, die sich nicht zuletzt in einer Stärkung staatlicher Institutionen und der Zurückdrängung des Militäreinflusses spiegelte. Die Politik der «Drei Unterstützungen und zwei Militärs» wurde im Verlauf des Jahres 1972 beendet, Gerichte nahmen wieder ihre Arbeit auf und auch die Präsenz des Militärs in den Revolutionskomitees und Staatsinstitutionen wurde stark reduziert. Damit kehrte Mao zu seinem berühmten Diktum des Jahres 1938 zurück: «Jeder Kommunist muss diese Wahrheit begreifen: ‹Die politische Macht kommt aus den Gewehrläufen.› Unser Prinzip lautet: Die Partei kommandiert die Gewehre, und niemals darf zugelassen werden, dass die Gewehre die Partei kommandieren.» Die Gefahr eines Militärputsches war damit gebannt und Mao begann mit der Rehabilitation zahlreicher Parteikader, die zuvor als Revisionisten gestürzt worden waren. Dazu gehörten insbesondere die Mitglieder der «Februar-Gegenströmung» des Jahres 1967 sowie eine prominente Persönlichkeit, welche die Jahre 1969 bis 1972 als Arbeiter in einer Traktorfabrik in Jiangxi verbracht hatte: Deng Xiaoping. Mao hatte Deng aufgrund seiner persönlichen Loyalität seit den 1930er Jahren vor dem Schicksal Liu Shaoqis bewahrt. Seine Fähigkeiten als Organisator und seine Durchsetzungsstärke waren unbestritten, auch wenn Mao wiederholt Dengs Tendenz zum politischen Alleingang und insbesondere seinen wirtschaftspolitischen Grundansatz im Gefolge des Großen Sprungs kritisiert hatte. In Anbetracht des Todes von Lin Biao stellte sich die Nachfolgefrage mit großer Dringlichkeit. Keines der drei verbliebenen Mitglieder des Ständigen Ausschusses des Politbüros schien hierfür prädestiniert: Bei Kang Sheng und Zhou Enlai wurde 1972 jeweils Krebs diagnostiziert, und Chen Boda war seit der Lin-Biao-Affäre im Hochsicherheitsgefängnis Qincheng inhaftiert. Maos persönlicher Favorit wäre wohl Zhang Chunqiao gewesen, seine führende theoretische Stütze in den Jahren der Kulturrevolution. Gegenüber Lin Biao brachte er diesen 1970 offensiv als dessen möglichen Nachfolger ins Gespräch. Über Zhangs Vergangenheit hing jedoch, wie auch über den Jahren Jiang Qings als Schauspielerin in Shanghai, der Ruch des «Verrats», da er angeblich Kontakte zu Guomindang-Organisationen unterhalten hatte und überdies den von den Kommunisten hoch geschätzten Autor Lu Xun kritisiert habe. Auch wenn sich die Anschuldigungen nicht beweisen ließen und wohl fingiert waren, verhinderten die von Kang Sheng und Zhou Enlai gegenüber Mao vorgebrachten Bedenken letztlich Zhangs Aufstieg. Intrigen und Versuche der Beeinflussung beschränkten sich nicht auf die spätere «Viererbande». In Anbetracht des stark ausgedünnten Personaltableaus entschied sich Mao für eine Doppelstrategie. Er rehabilitierte Deng Xiaoping und setzte ihn ab März 1973 als stellvertretenden Ministerpräsidenten mit Zuständigkeitsbereich Außenpolitik ein, um Zhou Enlai zu entlasten. Ferner katapultierte er den vormaligen Shanghaier Arbeiterführer Wang Hongwen an die Spitze der potentiellen Nachfolger, indem er ihn auf dem 10. Parteitag im August 1973 als dritthöchstes Mitglied des Ständigen Politbüroausschusses installierte. Wang erwies sich allerdings in der Folgezeit als den Aufgaben nicht gewachsen und ordnete sich weitgehend der Autorität Jiang Qings und Zhang Chunqiaos unter.

Zeitgleich mit den Anfängen der Lin-Biao-Affäre bereitete Mao Zedong auf außenpolitischem Terrain eine fundamentale Wende vor, die zentrale ideologische Prämissen der frühen Kulturrevolution ad absurdum führte. Einer der Grundpfeiler von Maos Kritik an der Sowjetunion als revisionistischer Macht war die Aufgabe des Konzepts des Klassenkampfes in den internationalen Beziehungen und die Ersetzung durch eine Theorie des «friedlichen Übergangs» zum Sozialismus gewesen. Nunmehr begann Mao über verschiedene Kanäle Signale der Entspannung in Richtung der Vereinigten Staaten zu senden, die nach dem Besuch eines amerikanischen Tischtennis-Teams im April 1971 und einer geheimen Stippvisite von Nixons außenpolitischem Berater Henry Kissinger schließlich im Februar 1972 im ersten Besuch eines US-Präsidenten in der Volksrepublik China mündeten. Der China-Besuch Nixons, den er selbst als «Woche, die die Welt veränderte» beschrieb, leitete eine Phase außenpolitischer Entspannung ein, die sich nicht nur auf die sino-amerikanischen Beziehungen auswirkte, sondern unter anderem auch die Aufnahme diplomatischer Beziehungen mit Japan und der Bundesrepublik Deutschland im Jahr 1972 nach sich zog. Das politische Tauwetter zog auch eine Ausweitung der wirtschaftlichen und kulturellen Beziehungen zwischen China und westlichen Staaten nach sich, etwa in Form des nunmehr möglichen Studentenaustauschs. Im Schlussdokument des Nixon-Besuchs, dem sogenannten Shanghai-Kommuniqué, vereinbarten beide Seiten, Hegemonialstreben im asiatisch-pazifischen Raum nicht zu unterstützen. Zugleich bekannten sich die USA zum «Ein-China»-Prinzip, ohne offen Partei für die Volksrepublik oder Taiwan zu ergreifen. Zusammen mit der Ankündigung, die amerikanischen Waffenlieferungen nach Taiwan zu reduzieren sowie in Anbetracht der bereits am 25. Oktober 1971 erfolgten Ersetzung Taiwans im Sicherheitsrat der Vereinten Nationen durch die Volksrepublik China als legitimem Repräsentanten «Chinas» führten die Vorgänge in Taiwan zu einem Gefühl des Verrats durch die Vereinigten Staaten.

Die Hintergründe für die außenpolitische Wende sind vielschichtig. In der Forschung sind lange Zeit vor allem geopolitische Aspekte angeführt worden. Die Wahrnehmung einer akuten Bedrohung Chinas war durchaus nicht aus der Luft gegriffen, insbesondere vor dem Hintergrund des sowjetischen Einmarschs in Prag 1968, der mit der sogenannten Breschnew-Doktrin gerechtfertigt worden war und sozialistischen Bruderstaaten nur eine begrenzte Souveränität zugestand. Die Grenzkonflikte des Jahres 1969 und die Befürchtung eines atomaren Erstschlags hätten somit eine strategische Annäherung an die Vereinigten Staaten geboten, ungeachtet aller ideologischen Hindernisse. Zeitgleich erleichterte der Rückzug der Amerikaner aus Vietnam und die damit verbundene Entspannung an Chinas Südgrenze die Annäherung. Zweifellos bestand ein begründetes Interesse beider Staaten an einer Isolierung der Sowjetunion. Einer rein geopolitischen Deutung werden jedoch vermehrt auch innenpolitische Argumente zur Seite gestellt. Die Annäherung führte zu einer Zunahme der Diplomatie und stärkte damit den Einfluss des zivilen Staatsapparats in der Volksrepublik China, bei gleichzeitiger Schwächung der Rolle des Militärs. Schließlich wird auch auf ideologische Wandlungsprozesse verwiesen. Die politischen Entwicklungen hatten die Reduktion der Außenpolitik auf einen Kampf zwischen kapitalistischem und sozialistischem Lager deutlich verkompliziert. Das Konzept, mit dem Mao den Umschwung im Nachhinein rechtfertigte, war die sogenannte Drei-Welten-Theorie. Das 1974 von Deng Xiaoping vor den Vereinten Nationen vorgestellte Konzept unterschied nach ökonomischen Entwicklungsstadien zwischen den zwei Supermächten (die USA und die «sozialimperialistische» Sowjetunion), entwickelten Staaten (darunter Westeuropa, Kanada und Japan) sowie den Entwicklungsländern inklusive der Volksrepublik China als «Dritter Welt». Da die Sowjetunion als größte Gefahr für den Weltfrieden apostrophiert wurde, galt gemäß dem bereits in Bürgerkriegszeiten erprobten Konzept der Einheitsfront ein Bündnis mit nachgeordneten Kontrahenten als gerechtfertigt. Wie häufig in der chinesischen Außenpolitik liegt der Schlüssel zum Verständnis in der Zusammenschau der unterschiedlichen Perspektiven, da Mao Zedong jede innen- oder außenpolitische Krise immer auch als Chance in anderen Politikbereichen sah und maximal zu nutzen bemüht war. Durch die Entspannungspolitik veränderte sich die vormals beinahe vollständige Isolation der Volksrepublik. Auch die Zahl der ausländischen Besucher in China nahm zu. Nach Jahren der Abschottung führte allein das Erscheinen ausländischer Gäste zu so unverhohlener Neugier, dass etwa die Parteiführung Tianjins ein Verbot der «Belagerung» ausländischer Gäste erließ. Die politische Situation war ohne Zweifel im Wandel begriffen, ohne dass bereits eine klare Richtung zu erkennen gewesen wäre.

Kulturrevolution und Wirtschaft

Die Stärkung des internationalen Bündnisgedankens und die Zunahme zwischenstaatlichen Austauschs veränderten auch die Prioritäten in der Wirtschaftsplanung. In der Forschung besteht andauernder Dissens über den Einfluss der Kulturrevolution auf die chinesische Wirtschaftsentwicklung. Während zahlreiche Darstellungen den negativen Einfluss der Fraktionskämpfe und die Verzerrung der staatlichen Investitionen durch die Vorbereitung einer inländischen Kriegsindustrie betonen, beurteilen eine Reihe von jüngeren Fallstudien den Einfluss deutlich positiver und verweisen auf durchschnittliche Wachstumsraten der chinesischen Wirtschaft von rund 6 Prozent. Einige Forscher gehen gar so weit, die Wirtschaftspolitik der frühen 1970er Jahre für die Schaffung wesentlicher Grundlagen der späteren Reform- und Öffnungspolitik verantwortlich zu machen.

Obgleich die Kritik Maos an seinen vormaligen Kollegen sich zu einem nicht unerheblichen Teil auf die Wirtschaftspolitik im Gefolge des Großen Sprungs bezog, stand eine Umgestaltung der Grundlagen des sozialistischen Wirtschaftssystems nicht im Zentrum der Kulturrevolution als ideologischer Reformbewegung. Barry Naughton, einer der besten Kenner der chinesischen Ökonomie, geht sogar so weit, die Kulturrevolution als «nicht besonders wichtiges Ereignis» für die chinesische Wirtschaftsentwicklung zu bezeichnen. Vor dem Hintergrund des Großen Sprungs ist diese Aussage sicher verständlich, aber auch hier gilt, dass markante zeitliche und räumliche Unterschiede existierten. Bereits vor Ausbruch der Kulturrevolution ließ sich um 1963 ein deutlicher Kurswechsel in der Wirtschaftspolitik erkennen, der für einige Wirtschaftshistoriker den Beginn eines kohärenten «spätmaoistischen» Entwicklungsmodells kennzeichnet. Die Unterschiede in der Wirtschaftspolitik zwischen Mao Zedong und anderen Parteiführern wie Liu Shaoqi im Gefolge des Großen Sprungs bezogen sich dabei weniger auf die fundamentale Rolle des Staates in der sozialistischen Planwirtschaft als auf die Frage nach den richtigen Anreizsystemen und der Betonung technischer und ökonomischer Spezialisierung. Während Liu und Deng mit materiellen Anreizen in Form von Bonuszahlungen, der Förderung spezifischer beruflicher Expertise und, in sehr begrenztem Umfang, auch Gewinnen durch den Verkauf überschüssiger Produktion auf dem freien Markt operierten, betonte Mao die Notwendigkeit politischer Bewusstseinsschulung und ideologischer Anreize etwa durch Herausstellung von Arbeiterhelden. Zhou Enlai, als Ministerpräsident maßgeblich in der Wirtschaftspolitik involviert, stand inhaltlich eher auf Seiten Lius und Dengs und propagierte Anfang 1963 erstmals das Konzept der «Vier Modernisierungen» in den Bereichen Landwirtschaft, Industrie, Verteidigung sowie Wissenschaft und Technologie. Im Konfliktfall ordnete er sich jedoch stets Mao Zedongs Autorität unter.

Während des Großen Sprungs hatte sich Mao als Autodidakt mit zentralen sowjetischen Lehrbuchtexten zur Wirtschaftsentwicklung auseinandergesetzt und war zu der Überzeugung gelangt, dass durch monetäre Anreize die überkommene «kleinbürgerliche» Mentalität individueller Gewinnmaximierung nicht zu bekämpfen sei. Bereits 1964 wurden mit dem Ölfeld Daqing in der Provinz Heilongjiang sowie mit der ländlichen Kommune Dazhai in der Provinz Shanxi die Vorbilder der kulturrevolutionären Wirtschaftspolitik geprägt. Erhöhung der Arbeitsleistung durch politische Schulung sowie weitgehende Autarkie der einzelnen Wirtschaftseinheiten standen dabei zunächst im Zentrum der Idealvorstellungen. Das Autarkiestreben war jedoch eher eine Folge strategischer Überlegungen in Anbetracht einer angespannten politischen Situation als ein Kernelement der Wirtschaftspolitik. Da China insbesondere nach dem Großen Sprung, aber auch während der gesamten Kulturrevolution auf Getreideimporte angewiesen war, um seine Bevölkerung zu versorgen, bestand die Notwendigkeit, die hierfür notwendigen Devisen durch Exporte zu beschaffen. Mao betrachtete die auch weiterhin bestehende Differenz zwischen Stadt und Land als fundamentales Problem der chinesischen Wirtschaft und sah die Lösung insbesondere in der Industrialisierung des ländlichen Raumes. Der parallele Aufbau einer ländlichen und städtischen Industrie firmierte unter dem Schlagwort des «Laufens auf zwei Beinen» und kam insbesondere ab 1969 zum Tragen, nachdem in den Jahren 1967/68 die gewaltsamen Konflikte und Arbeitsniederlegungen für einen Rückgang der Industrieproduktion gesorgt hatten. Die Agrarproduktion blieb trotz des hohen Blutzolls der Kulturrevolution auf dem Land weitgehend stabil und hielt in etwa mit dem Bevölkerungswachstum Schritt. An der grundlegenden Strategie der Partei, Agrarprodukte zu künstlich niedrig gehaltenen Preisen anzukaufen und hiermit die politisch gewünschte Industrialisierung quer zu subventionieren, änderte sich nichts. Ländliche Armut blieb daher ein wesentliches Kennzeichen der Kulturrevolution und betraf mindestens ein Drittel der Landbevölkerung (mehr als 250 Millionen Menschen). Trotz des strikten Haushaltsregistrierungssystems kam es immer wieder zu temporärer Armutsmigration in die Städte. Da der Agrarertrag geringer als angenommen wuchs, nicht zuletzt, da die landwirtschaftlich nutzbare Fläche Chinas auf etwa 13 Prozent der Gesamtfläche beschränkt ist, ermöglichten die Zugewinne durch verbesserte Bewässerung und Düngemitteleintrag nicht die gewünschte Wachstumseffekte. Aktuelle Untersuchungen über Erfolge kulturrevolutionärer Agrarforschung und eine mögliche «grüne Revolution» lassen ein genaueres Verständnis der Entwicklungen erwarten. Auch die Auswirkung der kulturrevolutionären Wirtschaftspolitik auf die Umwelt ist noch kaum erforscht.

Mit dem Übergang zur Phase der Militärdominanz ab Ende 1968 wurden im Rahmen der «Dritte Front»-Politik gewaltige Summen aus strategischen Motiven in den chinesischen Inlandsprovinzen investiert. Teilweise entstanden gar Fabrikanlagen in Höhlen, um sie vor Luftangriffen zu schützen und auf Basis dieser ländlichen Industrie im Kriegsfall die grundlegende Versorgung zu sichern. Die kapitalintensiven Investitionen erwiesen sich als chronisch ineffizient. Sie steigerten zwar den Grad der Industrialisierung, aber waren aufgrund des Schwerpunkts auf rüstungsrelevanten Gütern wenig dazu angetan, die lokale Wirtschaft nachhaltig anzukurbeln. Überdies sorgten Gehalt und Versorgungsleistungen der zusätzlichen Arbeiter für massive Ausgabensteigerungen im Staatshaushalt. Inwiefern die Dritte Front durch verbesserte Infrastruktur und die Vermittlung von technischen Fähigkeiten im ländlichen Raum einen positiven Einfluss auf die spätere Reformpolitik ausübte, bedarf genauerer Untersuchungen. Mit dem politischen Tauwetter im Gefolge der Lin-Biao-Affäre wurden die Investitionen in die Dritte Front deutlich reduziert und die ländliche Industrialisierung vor allem durch eine Förderung der «fünf kleinen Industrien»: chemischer Dünger, Landmaschinen, Eisen und Stahl, Zement sowie Elektrizität vorangetrieben. Im Zuge einer wirtschaftlichen Dezentralisierungspolitik übernahmen Kollektivunternehmen im ländlichen Raum die Erfüllung der staatlichen Planvorgaben mit beachtlicher lokaler Verantwortung, die Mao Zedongs Skepsis gegenüber der zentralen Parteibürokratie entsprang. Die Kollektivunternehmen wuchsen, von äußerst niedrigem Niveau ausgehend, mit einer Rate von rund 27 Prozent zwischen 1971 und 1978. Der Schwerpunkt lag, anders als in der Reformära, vorwiegend im Bereich der Schwerindustrie und nicht auf den lokal benötigten Konsumgütern. Die Wachstumsraten ergaben sich somit primär als Folge staatlicher Investitionen und nicht durch erhöhte Nachfrage. Anders als während des zeitgleichen ökonomischen Take-offs der ostasiatischen «Tigerstaaten», inklusive Taiwans, blieb die Leichtindustrie fest in der Hand von Staatsunternehmen. Alltägliche Konsumartikel und Verbrauchsgüter blieben knapp und wurden durch Bezugsscheine rationiert.

Was die internationale Einbindung Chinas in den Weltmarkt betrifft, bleibt festzuhalten, dass von völliger wirtschaftlicher Autarkie vor allem für die 1970er Jahre keine Rede sein kann. Mit Billigung Maos kam es nach 1972 zum Ankauf komplexer Fabrikanlagen aus westlichen Staaten, insbesondere für die Düngermittelproduktion. Dabei wurde häufig versucht, die schlüsselfertig übergebenen Anlagen mittels «reverse engineering» nachzubauen und damit in die Lage versetzt zu werden, die Importe durch eigene Produkte zu ersetzen (Importsubstitution). Aber auch auf illegalem Wege kam es in den 1970er Jahren zu vermehrtem Austausch, vor allem mit dem südostasiatischen Raum. Wie bereits gegen Ende der Qing-Dynastie produzierten einzelne Regionen für den Exportmarkt und legten damit einen ungeplanten Grundstein für die spätere Reformpolitik. Das Beispiel zeigt, dass die alleinige Konzentration auf die Entscheidungen des politischen Führungspersonals als Erklärungsansatz des chinesischen Wirtschaftswunders nach 1978 zu kurz greift und die Reformphase keineswegs in allen Bereichen trennscharf von der Kulturrevolution abgegrenzt werden kann.

Die Wirtschaftspolitik blieb ein Kernproblem der politischen Führung Chinas und kontinuierlicher Anlass zur Sorge. Insgesamt erwies sich die chinesische Wirtschaft am Ende der Kulturrevolution als überindustrialisiert, die Versuche der ländlichen Industrialisierung waren jedoch eher kapital- als arbeitsintensiv. Daher musste der Großteil der etwa 60 Millionen neu hinzukommenden Arbeitskräfte nach wie vor im Rahmen der kollektiven Landwirtschaft integriert werden. Das durchschnittliche Jahreseinkommen belief sich am Beginn der Reformperiode auf gerade einmal 381 Yuan, wobei der Betrag aufgrund des nach wie vor bestehenden Stadt-Land-Gefälles und der Tatsache, dass 1978 die Urbanisierungsquote nur bei 18 Prozent lag, regional stark differierte. Von einer einheitlichen, «spätmaoistischen» Wirtschaftspolitik zu sprechen, bleibt problematisch, da politische Kampagnen auch in den 1970er Jahren für zahlreiche Kurswechsel sorgten, welche das Vertrauen in die Berechenbarkeit der Politik gering hielten. Möglicherweise liegt aber genau in diesem Vertrauensverlust, der auch Kreise hochrangiger Parteikader betraf, einer der Schlüssel für die Suche nach alternativen Wirtschaftsmodellen nach 1978.

Gesellschaftliche und kulturelle Entwicklungen

Im Bereich der gesellschaftlichen und kulturellen Entwicklungen lässt sich in den vergangenen Jahren eine stark revisionistische Tendenz erkennen, welche die Kontinuitäten oder sogar Leistungen des Zeitabschnitts der Kulturrevolution in den Vordergrund stellen. Dies kontrastiert deutlich mit den lange dominierenden Narrativen, welche die Kulturrevolution unter dem Aspekt der Zerstörung von Kultur und gesellschaftlicher Stasis beschrieben haben. Ein wesentliches Argument, das auf die positiven Effekte der Kulturrevolution für die spätere Reformphase abstellt, bezieht sich auf das Erziehungswesen, den Bereich, der den größten Angriffen zu Beginn der Kulturrevolution ausgesetzt war. Mao hatte die soziale Stratifizierung und Elitenbildung als Folge des die Landbevölkerung benachteiligenden Erziehungssystems kritisiert und in einem berühmten Brief an Lin Biao vom 7. Mai 1966 eine großflächige Hebung des Fähigkeits- und Bildungsniveaus der gesamten Bevölkerung gefordert. Die Schulzeit sollte verkürzt werden, dafür praktische Kenntnisse in allen Wirtschaftssektoren sowie Militärerfahrung die Schulbildung ergänzen. Die Verhinderung gesellschaftlicher Ausdifferenzierung und Spezialisierung durch zwar nur grundlegend, aber dafür allseitig geschulte und universell einsetzbare Arbeitskräfte verriet einen ebenso egalitären wie anti-modernistischen Zug in Mao Zedongs Denken, der jegliche Form nicht-politisch bedingter sozialer Distinktion zu verhindern bestrebt war.

Nachdem die Kulturrevolution zunächst zu Schulschließungen führte, wurde nach Wiederaufnahme des Schulbetriebs im Jahr 1967 die Schulzeit von 12 auf neun Jahre reduziert. In der Tat kam es zu einer deutlichen Ausweitung der Grund- und vor allem Mittelschulbildung insbesondere im ländlichen Bereich. Dies drückte sich nicht zuletzt in einer geringeren Analphabetenquote aus, die hinsichtlich der gesamten Bevölkerung von etwa 57 Prozent im Jahr 1964 auf rund 35 Prozent im Jahr

1982 reduziert wurde. Bei der nach 1960 geborenen Generation sank die Quote gar auf etwa 10 Prozent, wobei die Zunahme der Lesefähigkeit insbesondere bei der weiblichen Bevölkerung auf dem Land hervorgehoben werden muss. Diese Leistungen im Bereich der Breitenbildung gingen bewusst auf Kosten des Lernpensums und der Spezialisierung, vor allem im Bereich des Hochschulwesens. Die Universitäten waren 1970 zwar wieder eröffnet worden, die Zugangskriterien variierten jedoch im Lauf der Zeit. Anstelle einer Bestenauslese und harscher Prüfungen wie in den frühen 1960er Jahren trat ein Vorschlagsrecht für den Hochschulzugang durch lokale Parteikomitees, das sich am sozialen Hintergrund, aber auch an den Ergebnissen schriftlicher «Kulturprüfungen» orientierte. Hier witterte die kulturrevolutionäre Linke, zu der sich auch Mao Zedongs Neffe Mao Yuanxin gesellt hatte, das erneute Aufkommen revisionistischer Bildungspolitik. Berühmt wurde der Fall eines Bewerbers namens Zhang Tiesheng, der die naturwissenschaftlichen Testfragen nicht zu lösen imstande war und daraufhin anstelle der geforderten Antworten eine Kritik der Privilegierung des Bücherwissens gegenüber praktischer Erfahrung verfasste und zu einem gefeierten Vorbild wurde.

Der positive Effekt der Hebung des allgemeinen Bildungsniveaus manifestierte sich allerdings nicht direkt in gestiegener sozialer Mobilität, da die grundlegende Distinktion zwischen ländlicher und städtischer Registrierung Aufstiegschancen durch Bildung unterband. Die chinesische Führung versuchte nach wie vor gesellschaftliche Ausdifferenzierung zu unterbinden und gesellschaftliche Rollen auf Basis des Klassenhintergrunds festzulegen. In Anbetracht der schnell wachsenden Bevölkerung, allein zwischen 1966 und 1976 stieg die Anzahl der Einwohner der Volksrepublik um rund 200 Millionen auf 930 Millionen Menschen, stellten sich zunehmend Fragen nach den möglichen Grenzen ökonomischer Modernisierung angesichts der gewaltigen Bevölkerungszahl. Mao revidierte in den frühen 1970er Jahren seinen vormals pro-natalistischen Standpunkt und befürwortete die Einführung von Spätehe und Geburtenkontrolle, zunächst auf Basis einer «Zwei-Kind-Politik».

Einen Einfluss auf die gestiegene Einwohnerzahl hatten auch die Verbesserungen der ländlichen medizinischen Versorgung und Hygiene, die mit einer deutlich gestiegenen Lebenserwartung auf durchschnittlich rund 65 Jahre am Ende der Kulturrevolution korrelierten. Die Errichtung ländlicher medizinischer Kooperativen sowie rund zwei Millionen sogenannte Barfußärzte sorgten für eine einfache, aber deutlich verbesserte medizinische Versorgung in ländlichen Regionen auf Basis einer proklamierten Verbindung von westlicher und traditioneller chinesischer Medizin. Die Bewertung des Einflusses der Kulturrevolution auf die Medizin in China allgemein fällt sehr zwiespältig aus. Während einerseits der Verlust wissenschaftlicher Standards sowie die Verfolgung von Ärzten mit schlechtem Klassenhintergrund herausgestellt wird, verweisen andere Studien auf die Errungenschaften des Zeitraums. Hierzu zählte auf praktischem Gebiet die Eindämmung der Bilharziose und im Bereich der Forschung die Entdeckung des Malaria-Impfstoffs Artemisinin. Letzteres geschah allerdings nicht durch Barfußärzte, sondern durch eine von Mao Zedong persönlich eingesetzte Projektgruppe («Projekt 523») mit über 500 Teilnehmern, deren primäres Ziel die Eindämmung von Malaria-Erkrankungen von Soldaten im Vietnam-Krieg war. Mit Tu Youyou erhielt eine führende Teilnehmerin dieser Forschergruppe den Medizinnobelpreis 2015.

Trotz mancher Erfolge chinesischer Wissenschaft, nicht zuletzt der Entdeckung und Ausgrabung zahlreicher archäologischer Artefakte wie der Terrakotta-Armee im Jahr 1974, sollte die Tatsache nicht in der Hintergrund geraten, dass die Diskriminierung politisch Andersdenkender, Wissenschaftler und kritischer Intellektueller trotz des politischen Tauwetters keineswegs beendet war. Aber im Vergleich zur Hochphase der ideologischen Terrorisierung der Bevölkerung Ende der 1960er Jahre sank der Grad der politischen Durchdringung des Alltagslebens. Im Gefolge der Lin-Biao-Affäre hatte Mao Zedong ein breiteres Textstudium empfohlen, und die zuvor weitgehend auf den Abdruck seiner eigenen Schriften beschränkten Verlagshäuser begannen Anfang der 1970er Jahre ihr Angebot auszuweiten. Neben den Klassikern des Marxismus-Leninismus wurden auch die alten Dynastiegeschichten und sogar klassische Romane wieder verlegt. Es kam zu einem Wiederaufleben einer rudimentären Freizeitkultur in Form von Sportaktivitäten, der Zirkulation von Büchern oder selbstgeschriebenen Manuskripten, dem Erlernen von Fremdsprachen und nicht zuletzt dem Entstehen erster unabhängiger Kunstgruppierungen gegen Ende der Kulturrevolution. Der zumindest partiell mögliche Rückzug ins Private und die Wiederentstehung erster Ansätze von alternativen künstlerischen Ausdrucksformen kontrastierte deutlich mit der weitgehenden Verengung der offiziellen Kunstförderung in den ersten Jahren der Kulturrevolution. Unter Rückgriff auf Mao Zedongs Reden über die dienende Rolle der Kunst für die Politik aus dem Jahr 1942 hatte Maos Frau Jiang Qing eine ehrgeizige Reform der als «feudal» betrachteten chinesischen Traditionen in der darstellenden wie der bildenden Kunst begonnen. Auch vermeintlich bourgeoise westliche Traditionen wie Ölmalerei, Ballett oder Symphonieorchester fanden dabei Verwendung. Am bekanntesten sind die acht im Mai 1967 erstmals präsentierten «Modelltheaterstücke», darunter Werke wie die Pekingoper *Die Legende der Roten Laterne* oder die Ballettstücke *Das Weißhaarige Mädchen* und das *Das Rote Frauenbataillon*. Die auch zeitgenössisch populären Stücke verbanden aktuelle politische Ereignisse mit moralischer Belehrung und schufen eine Form der Ästhetik, die gemäß der Doktrin des «Dreifachen Hervortretens» die positiven Heldencharaktere ins Zentrum der Handlung rückten. Einige der prominentesten Heldenfiguren waren Frauengestalten, wie Wu Qinghua oder Li Tiemei, die an revolutionärer Überzeugung und Mut den männlichen Helden in nichts nachstanden. In den 1970er Jahren kamen weitere Theaterstücke und auch Filme hinzu, darunter Rückblicke auf kulturrevolutionäre Ereignisse, etwa der Film *Das Lied der Mango* (1976), der die Rolle der Arbeiterpropagandagruppen in ein positives Licht rückte. Insgesamt verhinderten der hohe Grad der Politisierung der Kunst, die Furcht vor konträrer Interpretation und nicht zuletzt Jiang Qings Kontrolleifer eine Revolution des überkommenen Kunstbegriffs. Zwar huldigte die Kunstpolitik der Kulturrevolution offiziell einem Amateurideal, aber die Standards der Modellstücke lagen hoch. Wie Richard Kraus bemerkt hat, lag eine der Konsequenzen des Stützens auf einen kleinen Kanon offiziell anerkannter Stücke in der Zurückdrängung lokaler Traditionen, die den Weg für die Kunst als Massenprodukt schuf. Insgesamt lässt sich konstatieren, dass die einstmals vollständige Negierung eines relevanten «kulturellen» Aspekts der Kulturrevolution in der Forschung zunehmend abgelöst wird durch ein breiteres Interesse an einer Einbettung der Entwicklungen in die Spezifik der chinesischen Propagandakultur des 20. Jahrhunderts sowie eine Fokusverschiebung auf Adaptionsprozesse und individuelle Erfahrungen.

Nachfolgekonflikte und der Tod Mao Zedongs

Die Verschlechterung des Gesundheitszustands Mao Zedongs als Folge seiner Erkrankung an amyotropher Lateralsklerose, einer unheilbaren Nervenkrankheit, forcierte die Notwendigkeit, einen geeigneten Nachfolger zu suchen. Das Fehlen jeglicher institutioneller Verfahrensweisen zur Kandidatenbestimmung resultierte in heftigen Konflikten innerhalb des Kreises potentieller Nachfolger und ihrer Unterstützer. Auch wenn die gängige Charakterisierung der Fraktionen als «Radikale» (insbesondere die «Viererbande»), «Überlebende» (vor allem Zhou Enlai sowie später Deng Xiaoping) und «Profiteure» (darunter vor allem der seit 1975 als Minister für Öffentliche Sicherheit amtierende Hua Guofeng) die komplexen Beziehungen der beteiligten Personen über Gebühr simplifizieren, lassen sich zahlreiche Versuche der organisierten Diskreditierung von Rivalen erkennen. Hierzu zählte besonders prominent eine der merkwürdigsten Kampagnen dieser Jahre, die auch als «zweite Kulturrevolution» bezeichnet wird: die Kampagne «Kritisiert Lin Biao, kritisiert Konfuzius». Der Schwerpunkt der im Sommer 1973 begonnenen Kampagne lag zunächst auf dem hochgradig konstruierten Versuch, Lin Biao als Verfechter einer feudalen Sklavenhaltergesellschaft und als gelehrigen Schüler des Konfuzius zu stilisieren, etwa durch Einführung eines auf kultischen

Handlungen basierenden Ritensystems. Hinter diesem Aspekt verbarg sich eine verbrämte Kritik an dem von Lin Biao geförderten exzessiven Kult um Mao Zedong. Die Verbindung zwischen Lin und Konfuzius war bestenfalls oberflächlich. Bei Hausdurchsuchungen waren zahlreiche Spruchbänder mit Zitaten klassischer chinesischer Philosophen in Lins Besitz gefunden worden. Diese Sammlung entsprang nicht zuletzt Lin Biaos Vorliebe für knappe Merksätze, wie sie sich auch im Kleinen Roten Buch manifestiert hatte. Die klassischen Zitate dienten nunmehr als Beleg für Lins «feudal-faschistische» Haltung, vor allem um seine vormalige Verbindung mit Jiang Qing zu Beginn der Kulturrevolution vergessen zu machen. Die Kampagne diente aufgrund ihres allegorischen Charakters zahlreichen weiteren Zielen. Bis zu Maos Tod kam es zu periodischen Angriffen auf die konfuzianische Philosophie, während der Legalismus und insbesondere der erste Kaiser Qin Shihuangdi zum Vorbild erhoben wurden. Aber nicht nur die Vergangenheit und Lin Biao standen im Fokus der Kritik, sondern die Radikalen betonten zunehmend die Notwendigkeit, auch nach «gegenwärtigen Konfuzianern» Ausschau zu halten, und zielten hier unverhohlen auf Zhou Enlai. Mao war sich dessen stabilisierender Rolle wohl bewusst und beschränkte die Angriffe unter anderem durch die Installierung Deng Xiaopings als stellvertretendem Ministerpräsidenten, der in Anbetracht von Zhous Krebserkrankung sowohl die kommissarische Leitung der Politbürositzungen übernahm als auch im Staatsrat und in der Zentralen Militärkommission zu einer entscheidenden Größe wurde. Dengs Aufstieg diente in Anbetracht seines Rückhalts im Militär nicht zuletzt einem massiven Revirement der lokalen Militärkommandeure, mit denen Mao die Kontrolle über die Regionen zu stärken bemüht war.

Offenbar schwebte Mao als Nachfolge eine Doppelspitze vor, mit einer ihm ideologisch nahestehenden Persönlichkeit an der Spitze der Partei und einem energischen Organisator wie Deng Xiaoping an der Spitze des Staatsapparats. Diese Fortschreibung der Arbeitsteilung zwischen Mao und Zhou auf die nachfolgende Generation erwies sich insbesondere durch die

Unfähigkeit Wang Hongwens als Schimäre. Deng Xiaoping avancierte 1975 mit der Ernennung zum stellvertretenden Parteivorsitzenden zum nach Mao einflussreichsten Politiker der Volksrepublik, sehr zur Verärgerung der Radikalen. Er konzentrierte seine Anstrengungen vor allem auf die Konsolidierung der Wirtschaft durch Etablierung klarer Verantwortlichkeiten, eine effizientere Verwaltung und die Einhaltung der Organisationsprinzipien der Partei. Aber auch die immer wieder lokal aufflammenden Folgekonflikte der kulturrevolutionären Fraktionskämpfe stellten ein andauerndes Problem dar, das erneut durch Verhandlungen und die Entsendung von Arbeitsgruppen gelöst werden musste. Deng hatte indessen auch keine Skrupel, im Konfliktfall Militärgewalt einzusetzen. So wurde im Juli 1975 ein lokaler Aufstand anlässlich der Unterdrückung religiöser Praktiken in der muslimischen Gemeinde Shadian in der Provinz Yunnan mit Hilfe der Volksbefreiungsarmee niedergeschlagen und über 1600 Zivilisten ermordet. Aber auch die Armee wurde zum Gegenstand kritischer Überprüfungen. Die im Rahmen der Politik der «Drei Unterstützungen und zwei Militärs» ausufernde Korruption und Selbstbedienungsmentalität kam auf den Prüfstand, und die Ende 1973 auf rund 6,1 Millionen Mitglieder angewachsene Armee wurde schrittweise verkleinert, wobei die Demobilisierung der Soldaten ein nicht unerhebliches gesellschaftliches Integrationsproblem darstellte.

Bis in den Herbst 1975 hinein schien Dengs Aufstieg unaufhaltsam, zumal Mao insbesondere seine Frau Jiang Qing mehrfach im Politbüro kritisierte und ihr vorwarf, gemeinsam mit Zhang Chunqiao, Yao Wenyuan und Wang Hongwen eine «Viererbande» zu bilden, anstatt den Zusammenschluss mit der überwiegenden Mehrheit zu suchen. Maos Kritik an sich gegenseitig befehdenden Fraktionen an der Spitze der Partei war allerdings mehr als wohlfeil, da er genau diese Entwicklung mit seiner schwankenden Haltung und seiner Abneigung gegenüber institutionellen Routinen befördert hatte. Auch seine letzten politischen Entscheidungen blieben diesem Muster treu. Als Deng den Schwerpunkt der politischen Arbeit zunehmend auf die Entwicklung der «Produktivkräfte» legte und mit Zitaten Maos aus der Bürgerkriegszeit legitimierte, kamen Mao angesichts der offensichtlichen Schwäche der Radikalen erneut Zweifel, ob unter Deng nicht doch eine Rückkehr revisionistischer Tendenzen drohte. Befördert wurden diese Zweifel von Maos Neffen Mao Yuanxin, dem aufgrund seines exklusiven Zugangs eine wichtige Torwächterfunktion zuwuchs ebenso wie auch Mao Zedongs vormaliger Geliebter und Pflegerin Zhang Yufeng. Der Konflikt kulminierte in einer Politbürositzung im November 1975, die eine Resolution über die Erfolge der Kulturrevolution festlegen sollte, wobei Mao mit einer Unterteilung in 70 Prozent Erfolg und 30 Prozent Scheitern bereits eine klare Vorgabe gemacht hatte. Deng entzog sich jedoch der Entscheidung, indem er auf seine Unkenntnis hinsichtlich der Bewegung verwies. Dies trug ihm den Vorwurf ein, die Kulturrevolution zu negieren. Später sollte die prozentuale Unterscheidung zum Bewertungsstandard der Bewegung werden, obgleich die Formel keinen Niederschlag in Parteiverlautbarungen fand.

Als Zhou Enlai am 8. Januar 1976 seinem Krebsleiden erlag, bestimmte Mao nicht Deng Xiaoping zu dessen Nachfolger, sondern den vormaligen Parteisekretär seiner Heimatprovinz Hunan, Hua Guofeng. Hua hatte sich in der Vergangenheit durch Linientreue gegenüber Mao Zedong ausgezeichnet, verfügte in Peking allerdings über keine nennenswerte Hausmacht. Auch die Radikalen sahen in ihm einen Konkurrenten, so dass seine Machtbasis auf tönernen Füßen stand. Priorität hatte für sie die Destabilisierung Dengs, die im Winter 1975/76 die Form einer landesweiten Kritikkampagne gegen Deng Xiaopings «rechts-abweichlerische Tendenzen» und den Versuch, die korrekte Bewertung der Kulturrevolution in Frage zu stellen, annahm. Bereits im Laufe des Monats März war es zu zahlreichen lokalen Protesten gegenüber dieser Kampagne gekommen, bei denen Unterstützung für Zhou und Deng sowie Kritik an den Mitgliedern der Viererbande geäußert wurde. Anlässlich des Totenfestes Anfang April 1976 kulminierten die Ereignisse in einer massiven Bekundung öffentlicher Trauer für den verstorbenen Zhou Enlai. Vertreter unterschiedlicher Kollektive wie auch Privatpersonen legten Kränze am Denkmal der Volkshel-

den auf dem Platz des Himmlischen Friedens nieder. Die Trau-
erbekundungen wurden begleitet von beißender Kritik an den
Radikalen, zumeist in Form von allegorischen Gedichten. Die
politische Führung entschied am Abend des 4. April 1976, den
Platz im Schutz der Nacht räumen zu lassen und die Blumenge-
binde zu entfernen. Am Folgetag eskalierte die Situation, als
wütende Bürger die Absperrungen durchbrachen und einen lokalen Milizposten in Brand steckten. Mit militärischer Gewalt
wurden die Proteste unterbunden, Verhaftungen vorgenommen
und die Suche nach Drahtziehern begonnen. Die Vorstellung
einer spontanen Protestbewegung galt als undenkbar. Vielmehr
wurden Unterstützer Dengs als Hintermänner vermutet. Gestützt auf Berichte seines Neffen hatte Mao einer Beurteilung
des Vorfalls als konterrevolutionärem Aufstand zugestimmt
und überdies die Enthebung Deng Xiaopings von allen Posten
angeordnet, nicht jedoch dessen Parteiausschluss. Deng wurde
vielmehr unter Hausarrest gestellt.

In einem letzten Versuch, sein revolutionäres Erbe zu be-
stellen, ernannte Mao im Gefolge des Tiananmen-Zwischenfalls
Hua Guofeng offiziell zum stellvertretenden Parteivorsitzenden.
Überdies steckte er ihm bei einem Treffen einen Zettel zu, aus
dem Hua später einen Großteil seiner legitimen Nachfolgerrolle
ableiten sollte: «Wenn du die Dinge in die Hand nimmst, bin ich
beruhigt». Als Ende Juli 1976 ein Erdbeben der Stärke 7,8 die
Stadt Tangshan im Nordosten Chinas verwüstete und über
240 000 Todesopfer forderte, versuchte sich Hua als Krisen-
manager zu profilieren. Dabei verschärfte er die Situation durch
die Ablehnung internationaler Hilfsangebote. In Teilen der Bevölkerung wurde die Katastrophe als schlechtes Omen gewer-
tet, ganz in der Tradition kaiserzeitlichen Zyklendenkens, demzufolge Naturkatastrophen einen Wechsel der politischen
Führung ankündigten. Das Streuen von diesbezüglichen Ge-
rüchten wurde von den Strafverfolgungsbehörden als «konterrevolutionäre Schmähung» harsch bestraft, ohne ein wachsendes Krisengefühl gänzlich eindämmen zu können. Seit Mai
1976 war Mao Zedong nach einem ersten Herzinfarkt nicht
mehr in der Öffentlichkeit aufgetreten. In der Nacht des 9. Sep-

tember 1976 erlag er schließlich seinen zahlreichen Leiden und hinterließ eine gänzlich ungeklärte politische Situation.

Entgegen Maos erklärtem Willen fasste das Politbüro unmittelbar den Entschluss, seinen Leichnam nicht einäschern zu lassen, sondern zu konservieren und in einem Mausoleum dauerhaft auszustellen. Niemand wollte in der angespannten Situation für die Zerstörung der körperlichen Überreste des «Großen Vorsitzenden» verantwortlich gemacht werden. In Anbetracht der weitgehenden Unkenntnis chinesischer Ärzte hinsichtlich spezifischer Einbalsamierungstechniken nahmen die Versuche, gemäß den Erinnerungen von Maos Leibarzt, slapstickartigen Charakter an, als etwa dem Leichnam eine viel zu große Menge Formaldehyd injiziert wurde. Hua Guofeng übernahm offiziell die Führungsrollen in Partei, Staat und Militär. Die Konflikte innerhalb der Parteielite spitzten sich jedoch weiter zu. Hätte die Viererbande den Schulterschluss mit Hua gesucht, wäre möglicherweise ein Machterhalt und eine partielle Fortschreibung kulturrevolutionärer Politik denkbar gewesen. Stattdessen unternahmen sie einen halbherzigen Versuch, die parteiinterne Kommunikation an sich zu ziehen und beschleunigten somit ein Bündnis zwischen Hua und den Spitzen des Militärs, insbesondere mit dem mächtigen General Ye Jianying. In einer konzertierten Aktion wurden Jiang Qing, Zhang Chunqiao, Yao Wenyuan und Wang Hongwen am Abend des 6. Oktober 1976 festgenommen. De facto handelte es sich hierbei um einen Putsch. Mit Ausnahme von Shanghai, welches die institutionelle Basis der Radikalen gewesen war, regte sich kaum Widerstand gegen die Verhaftung. Zu viele persönliche Feindschaften, mangelnde Netzwerke in Partei und Militär sowie eine unrealistische Einschätzung der eigenen Möglichkeiten beförderten den Sturz der kulturrevolutionären Linken. Nur einen Monat nach Mao Zedongs Tod war damit das politische Experiment, das Mao im Juni 1976 als sein zweites großes Vermächtnis neben dem Sieg über Chiang Kai-shek 1949 bezeichnet hatte, beendet.

Schluss

Abkehr und offizielle Bewertung

Die Abkehr von Mao Zedongs politischem Erbe vollzog sich nicht über Nacht. Sein Nachfolger Hua Guofeng bezog seine Legitimation trotz der Verhaftung der Viererbande nicht zuletzt aus dem Akt persönlicher Investitur durch den vormaligen «Großen Vorsitzenden». Gestützt auf einen eigenen Personenkult, betonte er die andauernde Bedeutung von Mao Zedongs Leitlinien für die zukünftige Entwicklung Chinas, inklusive einer periodischen Durchführung kultureller Revolutionen im ideologischen Bereich. Die im Februar 1977 in der «Volkszeitung» publizierte und unter dem Schlagwort der «Zwei Alles» bekannt gewordene Richtschnur seines politischen Handelns («Alle politischen Entscheidungen, die der Vorsitzende Mao getroffen hat, werden wir entschlossen verteidigen; alle Anweisungen des Vorsitzenden Mao werden wir von Beginn bis zum Schluss beharrlich befolgen») hätte bei strikter Auslegung den von Mao scharf kritisierten Deng Xiaoping für immer von der Parteispitze fern gehalten. In Anbetracht von Hua Guofengs schwacher Verwurzelung in der Militär- und Parteielite erwies sich diese Strategie aber als undurchführbar und Hua verspielte die Chance, die aus der Verhaftung der Viererbande bezogene Anerkennung in eine dauerhafte Sicherung der eigenen Führungsrolle umzumünzen. Der politische Druck, Deng Xiaoping zu rehabilitieren, wuchs und im Juli 1977 wurde Deng wieder in seine alten Ämter eingesetzt. Hua behielt zwar einstweilen die höchsten Partei-, Staats- und Militärposten bei, wurde aber zunehmend von Deng marginalisiert und 1981 schließlich seiner Ämter enthoben.

Hua Guofengs historische Rolle ist bis heute in vielen Bereichen umstritten. Seine Strategie eines auf den Export von Erdöl gestützten «Großen Sprungs nach außen» erwies sich als überoptimistisch, aber innenpolitisch leitete er eine Reihe von

Veränderungen ein, die eine freieres Diskussionsklima ermöglichten, nicht zuletzt durch Rehabilitierungen ehemaliger Gegner der Viererbande. Offiziell werden hingegen alle Errungenschaften mit dem Dritten Plenum des Elften Parteitags im Dezember 1978 gleichgesetzt und damit auf die von Deng Xiaoping forcierte wirtschaftliche Reform- und Öffnungspolitik bezogen. Auch diese über Gebühr vereinfachende Darstellung dient politischen Motiven, nicht zuletzt dem Ziel, die Abkehr von der Kulturrevolution als erneuten Gründungsmythos der Parteiherrschaft zu nutzen. Auf der Ebene der politischen Eliten glichen die Veränderungen nach 1978 in vielen Bereichen eher einer Restauration der vorkulturrevolutionären Parteiführung als einem Neuanfang. Die entscheidenden Führungspersönlichkeiten wie Deng Xiaoping, Chen Yun oder auch Peng Zhen waren alle in der Kulturrevolution verfolgt oder kritisiert worden und präsidierten nun über den Umgang mit dem Erbe der maoistischen Epoche, der sich deutlich komplexer als allgemein bekannt gestaltete. Je nach Region unterschiedlich begannen intensive Wellen der Rehabilitierung kulturrevolutionärer Opfer, gefolgt von Entscheidungen über materielle Entschädigungen in Form der Rückgabe enteigneter Güter, von Geldzahlungen in zumeist eher symbolischer Höhe oder der Vermittlung von Arbeitsplätzen für die Nachfahrengeneration. Nicht nur die Kulturrevolution, sondern die Folgen und Urteile beinahe aller vorhergegangenen Massenkampagnen wurden überprüft und zahlreiche einstmals Verfolgte politisch rehabilitiert. Zu den Rehabilitierten zählte auch Yu Luoke, Autor des Manifests über den Klassenhintergrund, und auf politischer Ebene insbesondere der vormalige Staatspräsident Liu Shaoqi, dessen Asche schließlich elf Jahre nach seinem Tod im Rahmen eines Staatsakts im Mai 1980 an die Familie übergeben wurde. Tabu blieb hingegen eine erneute Evaluation des Großen Sprungs, was nicht zuletzt darin begründet lag, dass die vornehmlich aus dem ländlichen Bereich stammenden Opfer weder über die politische Lobbymacht der Altkader verfügten, noch eine ähnlich wichtige Rolle in der geplanten wirtschaftlichen Transformation Chinas spielten wie Intellektuelle und vormalige Kapitalisten.

Von einer vollständigen Tabuisierung der Kulturrevolution kann daher nicht gesprochen werden, aber das Paradigma allumfassender Opferschaft dominierte über weite Strecken. Der Kreis der Täter reduzierte sich weitgehend auf die Mitglieder der Viererbande sowie auf die engsten Gefolgsleute Lin Biaos. Nach längeren Überlegungen unter Einbeziehung internationaler Vorbilder wie der Nürnberger Kriegsverbrecherprozesse entschied sich die Parteiführung für die Errichtung eines Sondertribunals, das zwischen November 1980 und Januar 1981 in zwei Untergruppen die kulturrevolutionäre Linke sowie hochrangige Militärs für insgesamt 729 511 politisch Verfolgte sowie über 34 800 Todesopfer verantwortlich machte. Wie zuvor gezeigt, liegen diese Zahlen weit unter den tatsächlichen Opferzahlen der Kulturrevolution. Die Verantwortlichen des Verfahrens wie Peng Zhen achteten peinlich genau darauf, nur Fälle einzubeziehen, die keinerlei strafrechtliche Verantwortung Mao Zedongs implizierten. Es wurde also der Versuch unternommen, eine klare Grenze zwischen durch die Justiz zu verfolgenden Straftaten und politischem Fehlverhalten zu ziehen. Die Angeklagten des Prozesses erhielten langjährige Haftstrafen und, im Falle von Jiang Qing und Zhang Chunqiao, eine später in lebenslange Haft umgewandelte «ausgesetzte» Todesstrafe. Alle Mitglieder der Viererbande sind mittlerweile verstorben, durch Krankheit (Yao, Wang, Zhang) oder Suizid (Jiang Qing). Täterprozesse gegen vormalige Anhänger der Linken sowie einstmals prominente Rebellenführer fanden auch auf unteren Ebenen statt, allerdings in begrenztem Umfang. Die mit Abstand größte Zahl der Verfahren wurde durch parteiinterne Organe abgehandelt. Hierzu zählte auch eine umfassende Überprüfung aller Parteikader Mitte der 1980er Jahre auf «spalterisches Gedankengut», während der Kulturrevolution begangene Gewaltakte sowie eine Beeinflussung durch Lin Biao oder die Viererbande. Diese auf Parteistabilität abzielende Maßnahme sorgte insbesondere in Regionen wie Guangxi für eine erstmalige Bestandsaufnahme der Gräueltaten, die aufgrund des Fortbestands lokaler politisch-militärischer Netzwerke bis dato unterblieben war.
Am schwierigsten für die Parteiführung um Deng Xiaoping

war die Frage nach dem Umgang mit der historischen Verantwortung Mao Zedongs. Ohne ihn hätte es weder die Kulturrevolution noch den Großen Sprung gegeben. Gleichzeitig war er ohne jeden Zweifel der überragende politische Führer der Partei seit den 1940er Jahren und ihr wichtigster Theoretiker. Mao hatte maßgeblichen Anteil am militärischen Erfolg der kommunistischen Bewegung und repräsentierte nicht zuletzt die erfolgreiche Staatsgründung im Jahr 1949. Mao war somit im übertragenen Sinne der Lenin, Stalin und Pol Pot der Partei in einer Person. Die Parteiführung entschied sich für die Form einer Parteiresolution, um die Frage nach der historischen Verantwortung Mao Zedongs zu klären. Das im Juni 1981 verabschiedete sehr umfangreiche Dokument benannte Mao zwar klar als Verantwortlichen für den Ausbruch der Kulturrevolution, unterschied aber zwischen seinen politischen «Fehlern» und den «Verbrechen» der Viererbande und Lin Biaos. Mao erschien als tragischer Held, der aus besten Motiven handelnd einer falschen Wahrnehmung der Wirklichkeit aufgesessen sei und durch die Verabsolutierung des Klassenkampfes der Partei und dem Volk großen Schaden zugefügt habe. Trotz seiner gravierenden politischen Fehler sei Mao Zedong daher auch weiterhin als herausragender Führer der Partei zu betrachten. Seine theoretischen Beiträge zur Entwicklung des chinesischen Marxismus wurden nunmehr als «Kollektivleistung» betrachtet (keineswegs immer zu Unrecht, wenn man die Unterstützung durch seine politischen Sekretäre wie Chen Boda einbezieht), als «Erfahrungsschatz» der ersten Generation der chinesischen Parteiführer. Deng Xiaoping war 1956 eng in die Abfassung der chinesischen Antwort auf Chruschtschows Entstalinisierungspolitik eingebunden gewesen. Er wusste nur zu gut, welche destabilisierenden Folgen der Verlust des bislang prominentesten Symbols der Partei für die Herrschaftslegitimation haben würde. Deshalb versuchte Deng mit der vorsichtigen Lösung des historischen Mao aus der Überhöhung des kulturrevolutionären Personenkults, sowohl der Herrschaftsstabilität als auch dem Wunsch nach einer Erklärung für die Ursachen der Kulturrevolution nachzukommen. Die partielle «Entmaoisierung» spiegelte sich auch im öffentlichen Raum und Diskurs. Statuen wurden entfernt, der allfällige Verweis auf Zitate Mao Zedongs deutlich reduziert. Eine gesamtgesellschaftliche Debatte unterblieb jedoch, spätestens nachdem die Demokratiemauerbewegung 1978/79 gezeigt hatte, dass die Ursachen der Kulturrevolution keineswegs nur mit Mao Zedong verbunden wurden, sondern auch auf die Grundlagen der Parteidiktatur abzielten, als einige kritische Stimmen wie Wei Jingsheng eine Demokratisierung Chinas forderten. Deng Xiaoping unterband diese Kritik resolut und etablierte 1979 die bis heute gültigen «Vier Grundprinzipien»: das Festhalten am sozialistischen Weg, an der demokratischen Diktatur des Volkes, der Führung durch die Kommunistische Partei und schließlich an den ideologischen Grundlagen des Marxismus-Leninismus sowie den Mao-Zedong-Ideen.

Jenseits von Nostalgie und politischer Instrumentalisierung

Die wachsenden sozialen Unterschiede im Gefolge der Niederschlagung der landesweiten Proteste des Jahres 1989 und der Beschleunigung der Wirtschaftsreformen nach Deng Xiaopings Südreise 1992 führten gemeinsam mit dem Fehlen einer kritischen öffentlichen Auseinandersetzung über die Herrschaft Mao Zedongs unter Teilen der chinesischen Bevölkerung zu einer weitgehend ahistorischen Verklärung und Romantisierung der Kulturrevolution als egalitärer und heroischer Epoche. Da keine machtpolitische Gefährdung der aktuellen Führung mehr von der kulturrevolutionären Linken ausging, sank die Notwendigkeit der Betonung der Gräueltaten. Vielmehr wuchs Mao Zedong innerhalb eines zunehmend auf Patriotismus und nationale Stärke setzenden staatlichen Diskurses eine wichtige Brückenfunktion zwischen erfolgreicher nationaler Befreiungsbewegung und zukünftigem Großmachtstatus Chinas zu. Eine Entpolitisierung der Auseinandersetzung mit der Kulturrevolution, eine wachsende Konsumorientierung im Umgang mit einzelnen Symbolen der Bewegung und schließlich sogar eine erneute Sakralisierung Mao Zedongs vor allem im ländlichen Raum waren die Folgen der Betonung des patriotisch-nostalgischen Umgangs mit der Vergangenheit, die sich in unterschiedlichsten gesellschaftlichen Bereichen äußerte. Berichte über Mao Zedong gewidmete Tempel, kulturrevolutionäre Themenrestaurants, roten Revolutionstourismus und das Schwelgen in kulturrevolutionärem Liedgut fanden auch in der westlichen Presse ihren Niederschlag. Aber unter der Oberfläche der weitgehend nostalgischen Rückbezüge auf die Kulturrevolution versammelten sich teilweise auch reform- und globalisierungskritische Stimmen, die an die Gleichheitsideale der maoistischen Epoche anzuknüpfen gedachten und in Anbetracht der gewaltigen Korruptionsexzesse innerhalb der Parteiführung an die von Mao Zedong angedeutete Herausbildung einer neuen privilegierten Klasse aus den Reihen der Kommunistischen Partei selbst erinnerten. Diese Strömungen, zumeist als «Neue Linke» bezeichnet, obgleich sich dahinter keine kohärente Fraktion verbirgt, bezogen sich in Anbetracht des widersprüchlichen Vermächtnisses Mao Zedongs auf unterschiedliche Aspekte seiner Politik. Am nächsten an den Vorstellungen der frühen Kulturrevolution waren Beiträge für eine chinesische Online-Plattform namens «Utopia», die ein Forum für radikale Rückbezüge lieferte, die grassierende Korruption kritisierte und das «revisionistische» Wirtschaftssystem Dengs mit Mao Zedongs düstersten Warnungen vor einer Wiederkehr des Kapitalismus in China gleichsetzte. Im Gefolge der Bo-Xilai-Affäre wurde die Plattform einer grundlegenden «Harmonisierung» durch die Parteiführung unterzogen, ohne neo-maoistische Haltungen vollkommen marginalisieren zu können.

Auch fünfzig Jahre nach dem Ausbruch der Kulturrevolution und dem Tod der meisten der aktiv involvierten politischen Führer kann von einer umfassenden gesellschaftlichen oder wissenschaftlichen Aufarbeitung des Zeitraums keine Rede sein. Derzeit regiert die Generation der Rotgardisten China, die damals in zahllose Fraktionskämpfe und bis heute ungeklärte Konflikte verstrickt war. Das ist ein Grund, weshalb unter der Ägide Xi Jinpings die kritische Auseinandersetzung mit der Vergangenheit noch weiter eingeschränkt worden ist und einstmals frei zugängliche Archivbestände reklassifiziert worden sind. Dies ist umso frappanter, als die Parteiführung keine Gelegenheit auslässt, Japan auf seine Versäumnisse in der Anerkennung seiner Kriegsschuld während des Zweiten Weltkriegs hinzuweisen und auch intern Kampagnen gegen die Propagierung eines «geschichtlichen Nihilismus» forciert. Die Geschichte der Kulturrevolution unterliegt noch immer einer politischen Determinierung und leistet damit auch weiterhin vereinfachenden und mystifizierenden Rückbezügen Vorschub, die entweder auf eine unhinterfragte Verdammung des Zeitraums oder auf eine unangebrachte nostalgische Verklärung zulaufen. Dabei besteht die zentrale Notwendigkeit vielmehr in einer umfassenden Historisierung der Periode und in einer Erforschung ihrer Auswirkungen nicht nur in China, sondern auch als globales Revolutionsvorbild. Ohne ein genaueres Verständnis der sowohl regional als auch sektoral unterschiedlichen Entwicklungsstränge bleiben die Diskussionen in alten Bahnen gefangen und verhindern komplexere Fragestellungen nach politischen und diskursiven Kontinuitäten, nach alternativen Zukunftsvisionen für China und nach einer echten Auseinandersetzung mit Fragen von Schuld und Täterschaft. Wie schmerzhaft und potentiell destabilisierend eine solche Auseinandersetzung sein kann, belegen zahlreiche andere Beispiele für den Umgang mit dem Erbe diktatorischer Herrschaft. Die Kulturrevolution ist in vielerlei Hinsicht noch zu sehr Gegenwart, als dass die Partei ihre Restriktionen zu lockern bereit wäre.

Wichtige Akteure der Kulturrevolution

Chen Boda (1904–1989): Vormals politischer Sekretär Mao Zedongs und Ko-Autor zahlreicher Schriften. Offiziell Vorsitzender der Zentralen Gruppe Kulturrevolution, aber mit begrenztem Einfluss. Ab 1970 persönlich motivierte Kritik Mao Zedongs an Chen und Inhaftierung. 1973 Parteiausschluss. 1981 Verurteilung im Viererbandenprozess zu 18 Jahren Haft.

Chen Yi (1901–1972): Bürgerkriegsheld und einer der zehn Marschälle der VR China. Nach Gründung der VR China zunächst Bürgermeister Shanghais, seit 1958 Außenminister. Führender Kritiker der Kulturrevolution während der «Februar-Gegenströmung» 1967. Krebstod 1972. Maos letzter öffentlicher Auftritt fand auf Chens Trauerfeier statt.

Chen Zaidao (1909–1993): Befehlshaber der Militärregion Wuhan zu Beginn der Kulturrevolution. Wichtige Rolle während des «Wuhan-Zwischenfalls», als Teile seiner Truppen Abgesandte der Parteizentrale kidnappten. Verhaftung 1967, Rehabilitierung 1972.

Deng Tuo (1912–1966): Mitglied der Pekinger Parteiführung und Teil des Autorenkollektivs «Drei-Familien-Dorf», das im Gefolge des Großen Sprungs satirische Essays veröffentlichte. Selbstmord im Mai 1966 nach öffentlicher Kritik.

Deng Xiaoping (1904–1997): Parteisekretär bis zum Ausbruch der Kulturrevolution. Verfolgung als «zweitgrößter Machthaber in der Partei, der den kapitalistischen Weg geht». Arbeit in Traktorfabrik in Jiangxi. Rehabilitierung und wichtige politische Positionen von 1973 bis '76. Zweiter Sturz im April 1976 im Gefolge des Tiananmen-Zwischenfalls. Ab Juli 1977 erneuter Aufstieg und von Dezember 1978 bis zu seinem Tod graue Eminenz der chinesischen Reformpolitik.

Guan Feng (1919–2005): Autor und Redakteur der Parteizeitschrift *Rote Fahne*. Mitglied der Zentralen Gruppe Kulturrevolution. Sturz im August 1967 im Zuge des innenpolitischen Kurswechsels als «Ultralinker». 15 Jahre inhaftiert.

He Long (1896–1969): Bedeutender Militärführer und stellvertretender Ministerpräsident. Eng verbunden mit Peng Dehuai. Zu Beginn der Kulturrevolution als Revisionist kritisiert und unter Hausarrest gestellt. Tod durch (bewusste) Fehlmedikation 1969. Posthume Rehabilitierung 1982.

Hua Guofeng (1921–2008): Aufstieg vom Provinzpolitiker in Hunan zum Minister für Öffentliche Sicherheit 1975, Nachfolger Zhou Enlais als Ministerpräsident und schließlich nach Mao Zedongs Tod Parteivorsitzender. Verantwortlich für Entscheidung zur Verhaftung der Viererbande. Schleichender Machtverlust nach Aufstieg Deng Xiaopings. Nach 1981 erzwungener Rückzug aus der Politik.

Jiang Qing (1914–1991): Ehefrau Mao Zedongs und treibende Kraft der Zentralen Gruppe Kulturrevolution. Prominente Rolle in der Propagierung kulturrevolutionärer Kunst. Verhaftung und Verurteilung zum Tode als Mitglied der Viererbande, später Umwandlung der Strafe in lebenslange Haft. Suizid im Jahr 1991.

Kang Sheng (1898–1975): Vormaliger Sicherheitschef der Partei. Seit Beginn der Kulturrevolution Berater der Zentralen Gruppe Kulturrevolution und führendes Mitglied der Zentralen Sonderfallkommission. Krebstod 1975. Posthumer Parteiausschluss aufgrund der Verfolgung zahlreicher Parteikader.

Kuai Dafu (* 1945): National bekannter Studentenführer an der Qinghua-Universität zu Beginn der Kulturrevolution. Führer der Jinggangshan-Fraktion. 1968 Entmachtung durch Mao Zedong und Landverschickung nach Ningxia. 1983 rückwirkend zu 17 Jahren Haft verurteilt, unter anderem wegen Mordes. Entlassung 1987, später in Privatwirtschaft tätig.

Lin Biao (1907–1971): Bürgerkriegsheld und einer der zehn Marschälle der VR China. Seit 1959 Verteidigungsminister und größter öffentlicher Verfechter des Personenkults um Mao Zedong. Mit Ausbruch der Kulturrevolution zum Nachfolger Maos aufgebaut. Nach 1969 wachsendes Zerwürfnis mit Mao. Fluchtversuch und Tod bei Flugzeugabsturz im September 1971.

Liu Shaoqi (1898–1969): Stellvertretender Parteivorsitzender und seit 1959 Präsident der Volksrepublik China. Zentrales Kritikobjekt der Kulturrevolution als «größter innerparteilicher Machthaber, der den kapitalistischen Weg geht». 1968 aus der Partei ausgeschlossen. Tod im November 1969 aufgrund medizinischer Vernachlässigung. Posthume Rehabilitierung 1980.

Lu Dingyi (1906–1996): Kulturminister und Chef der Zentralen Propagandaabteilung zu Beginn der Kulturrevolution. Kritik aufgrund angeblicher Unterdrückung der Schriften Mao Zedongs. Sturz im Mai 1966, anschließende Inhaftierung im Qincheng-Gefängnis. Rehabilitierung 1978.

Luo Ruiqing (1906–1978): Marschall und Minister für Öffentliche Sicherheit bis 1959. Im Anschluss Stabschef der Volksbefreiungsarmee. Sturz auf Betreiben Lin Biaos zu Beginn der Kulturrevolution. Nach fehlgeschlagenem Suizidversuch 1966 langjährige Inhaftierung. Rehabilitierung 1975. Tod in Heidelberg während medizinischer Behandlung.

Mao Yuanxin (* 1941): Neffe Mao Zedongs und während der Spätphase der Kulturrevolution einer der engsten Vertrauten Maos. Seit 1973 stellvertretender Vorsitzender des Revolutionskomitees Liaoning. Wichtige Rolle im Rahmen des Tiananmen-Zwischenfalls. Verhaftung 1976 und Verurteilung zu 17 Jahren Haft durch Militärgericht. Entlassung 1993.

Mao Zedong (1893–1976): Mitbegründer der Kommunistischen Partei Chinas und ihr Vorsitzender von 1945 bis 1976. Initiator und Vordenker der Kulturrevolution. Hauptverantwortlicher für die Opfer der Periode wie auch der Opfer zahlreicher anderer Massenkampagnen, insbesondere des Großen Sprungs. Nach seinem Tod offiziell nur für Fehlentscheidungen, nicht für Verbrechen kritisiert. Bis heute wichtiges Symbol der Volksrepublik China und der Kommunistischen Partei.

Peng Dehuai (1898–1974): Einer der berühmtesten Militärführer der Volksrepublik China, Verteidigungsminister
1954–1959. Nach Kritik am Großen Sprung entlassen. Ob-
jekt öffentlicher Kritik während der Kulturrevolution. 1970
Verurteilung zu lebenslanger Haft. Tod im Gefängnis 1974.
Posthume Rehabilitierung 1978.

Peng Zhen (1902–1997): Parteisekretär der Hauptstadt und
Politbüromitglied. Aufgrund machtvoller Position wesentliches Kritikziel in Kulminierungsphase der Kulturrevolution.
Sturz im Mai 1966, zehnjährige Inhaftierung. Rehabilitierung 1978. Anschließend erneute Übernahme wichtiger Ämter in der Partei, vor allem im Rechtswesen.

Qi Benyu (* 1931): Autor und Redakteur der Zeitschrift *Rote
Fahne*. Mitglied der Zentralen Gruppe Kulturrevolution.
Sturz im Januar 1968 im Zuge der Kritik an «ultralinken»
Strömungen. Inhaftierung in Qincheng. 1983 rückwirkend
zu 18 Jahren Haft verurteilt. Entlassung 1986. Bis heute Anhänger der Politik Mao Zedongs und scharfer Korruptions-
kritiker.

Tan Lifu (* 1942): Zu Beginn der Kulturrevolution Student an
der Polytechnischen Universität Peking. Von der Zentralen
Gruppe Kulturrevolution zum berühmtesten Vertreter der
«Blutlinien»-Theorie gemacht. Inhaftierung 1967, Landverschickung 1969. Rehabilitierung 1979. Karriere in den Pekinger Kulturbehörden.

Wang Dongxing (1916–2015): Vormaliger Leibwächter Mao
Zedongs und dessen loyaler Sicherheitschef. Mitglied der
Zentralen Sonderfallkommission. Aufstieg bis zum Rang des
stellvertretenden Parteivorsitzenden. 1976 maßgeblich an
Verhaftung der Viererbande beteiligt. Schleichender Amtsver-
lust parallel zum Aufstieg Deng Xiaopings.

Wang Guangmei (1921–2006): Ehefrau Liu Shaoqis und prominentes Mitglied der Arbeitsgruppe an der Qinghua-Universität. Öffentliche Demütigung auf einer Kritiksitzung im
April 1967 mit Qipao-Kleid und Tischtennisball-Kette als
Symbolen eines bourgeoisen Lebensstils. Langjährige Inhaftierung. 1979 Haftentlassung und Rehabilitierung.

Wang Hongwen (1932–1992): Aufstieg zum Führer des Allgemeinen Arbeiterhauptquartiers in Shanghai in Frühphase der Kulturrevolution. Aufstieg in nationale Führungspositionen nach 1969, Anfang der 1970er Jahre zum Nachfolger Mao Zedongs ausersehen. Verhaftung als Mitglied der Viererbande 1976 und Verurteilung zu lebenslanger Haft. Krebstod 1992.

Wang Li (1922–1996): Journalist und Parteipropagandist. Gemeinsam mit Chen Boda Autor zentraler Parteidokumente in der Anfangsphase der Kulturrevolution. Mitglied der Zentralen Gruppe Kulturrevolution. Gefangennahme während des Wuhan-Zwischenfalls und kurz darauf Sturz und Inhaftierung aufgrund «ultralinker» Positionen. 1982 Entlassung und Parteiausschluss.

Wu Han (1909–1969): Historiker und stellvertretender Bürgermeister Pekings. Zu Beginn der Kulturrevolution im Mittelpunkt der Affäre um das Theaterstück «Hai Rui wird aus dem Amt entlassen». Zahllose Kritiksitzungen und Inhaftierung. Folter und Tod im Gefängnis 1969. Posthume Rehabilitierung 1979.

Xie Fuzhi (1909–1972): Minister für Öffentliche Sicherheit während der Kulturrevolution. Berüchtigt für die Zusicherung von Straffreiheit für das Töten von Mitgliedern der «schwarzen» Klassen «im Affekt». Beteiligung an zahllosen Verfolgungen von Parteimitgliedern und Parteikritikern. 1972 Krebstod. Posthumer Parteiausschluss 1980.

Xu Shiyou (1905–1985): Shaolin-Kämpfer aus armen Verhältnissen, der sich bis zum Generalsrang hochdiente. Von 1955–1973 Kommandeur der Militärregion Nanjing sowie später Vorsitzender des Revolutionskomitees der Provinz Jiangsu. Unterdrückung von lokalen Gegnern mit harter Hand. Schützte Deng Xiaoping 1976 nach dessen zweitem Sturz.

Yang Xiguang (1948–2004): Rotgardist aus der Provinz Hunan und Mitglied der Rebellengruppe *Shengwulian*. Autor des kritischen Manifests «Wohin bewegt sich China?». 1968 zu zehn Jahren Haft verurteilt. Nach der Kulturrevolution Karriere als Ökonom in Australien.

Yao Wenyuan (1931–2005): Autor der Polemik gegen das Theaterstück «Hai Rui wird aus dem Amt entlassen» zu Beginn der Kulturrevolution. Mitglied der Zentralen Gruppe Kulturrevolution und einer der wichtigsten Autoren der maoistischen Linken. Verhaftung als Teil der Viererbande 1976 und Verurteilung zu 20 Jahren Haft.

Ye Jianying (1897–1986): Marschall der VR China mit komplexen historischen Beziehungen zu Mao. Zunehmender Machtgewinn während der Kulturrevolution. Nachfolger Lin Biaos als Verteidigungsminister und wichtiger Initiator der Verhaftung der Viererbande. Zeremonielle Ämter nach 1978.

Yu Luoke (1942–1970): Autor der Streitschrift «Über den Klassenhintergrund», welches die Grundlagen der Sozialordnung der VR China scharf kritisierte. 1968 Inhaftierung, 1970 öffentliche Hinrichtung als «Konterrevolutionär».

Zhang Chunqiao (1917–2005): Parteipropagandist in Shanghai zu Beginn der Kulturrevolution. Einer der engsten politischen Vertrauten Mao Zedongs und führendes Mitglieder der Zentralen Gruppe Kulturrevolution. Seit 1967 Vorsitzender des Shanghaier Revolutionskomitees und seit 1969 Politbüromitglied. Nach Maos Tod als Mitglied der Viererbande verhaftet. Todesurteil später in lebenslange Haft umgewandelt.

Zhou Enlai (1898–1976): Ministerpräsident und bis 1959 Außenminister der Volksrepublik China. Effizienter Verwalter und wichtigster Troubleshooter der Kulturrevolution. Trotz generell stabilisierender Rolle maßgeblich involviert in Zentrale Sonderfallkommission, die für Verfolgungen zahlreicher Parteikader und Kritiker verantwortlich war. Sein Tod löste die Proteste im Frühjahr 1976 auf dem Platz des Himmlischen Friedens aus.

Literaturempfehlungen

Quellen, Bilder und Hilfsmittel

Jian, Guo, Yongyi Song und Yuan Zhou, *Historical Dictionary of the Chinese Cultural Revolution*, Lanham 2006.

Li, Zhensheng und Robert Pledge, *Roter Nachrichtensoldat: Ein chinesischer Fotograf in den Wirren der Kulturrevolution*, Berlin 2003.

Martin, Helmut (Hg.), *Mao intern. Unveröffentlichte Schriften, Reden und Gespräche Mao Tse-tungs 1946–1976*, München 1977.

Martin, Helmut (Hg.), *Mao Zedong. Texte*, 8 Bände, München 1979–1982.

Schoenhals, Michael, *China's Cultural Revolution, 1966–1969. Not a Dinner Party*, Armonk 1996.

Song, Yongyi (Hg.), *Chinese Cultural Revolution Database*, 3. Auflage, Hongkong 2010.

Zhonggong zhongyang wenxian yanjiushi (Hg.), *Jianguo yilai Mao Zedong wengao*, 13 Bände, Peking 1987–98.

Zhonggong zhongyang wenxian yanjiushi (Hg.), *Mao Zedong nianpu 1949–1976*, 6 Bände, Peking 2014.

Literatur

Andreas, Joel, *Rise of the Red Engineers. The Cultural Revolution and the Origins of China's New Class*, Stanford 2009.

Barnouin, Barbara und Yu Changgen, *Chinese Foreign Policy during the Cultural Revolution*, London 1998.

Bonnin, Michel, *The Lost Generation. The Rustification of China's Educated Youth (1968–1980)*, Hongkong 2013.

Bramall, Chris, *Chinese Economic Development*, Abingdon 2009.

Brown, Jeremy und Matthew Johnson (Hg.), *Maoism at the Grassroots. Everyday Life in China's Era of High Socialism*, Harvard 2015.

Chan, Anita, Richard Madsen und Jonathan Unger, *Chen Village. The Recent History of a Peasant Community in Mao's China*, Berkeley 1984.

Chan, Anita, Stanley Rosen und Jonathan Unger (Hg.), *On Socialist Democracy and the Chinese Legal System. The Li Yizhe Debates*, Armonk 1985.

Clark, Paul, *The Chinese Cultural Revolution. A History*, Cambridge 2008.

Cook, Alexander, *Mao's Little Red Book. A Global History*, Cambridge 2014.

Dillon, Nara, *Radical Inequalities. China's Revolutionary Welfare State in Comparative Perspective*, Cambridge 2015.

Esherick, Joseph, Paul Pickowicz und Andrew Walder (Hg.), *The Chinese Cultural Revolution as History*, Stanford 2006.

Forster, Keith, *Rebellion and Factionalism in a Chinese Province, 1966–1976*, Armonk 1990.

Gao, Mobo, *The Battle for China's Past. Mao and the Cultural Revolution*, London 2008.

Gao, Wenqian, *Zhou Enlai. The Last Perfect Revolutionary*, New York 2007.

Gehrig, Sebastian, Barbara Mittler und Felix Wemheuer (Hg.), *Kulturrevolution als Vorbild? Maoismen im deutschsprachigen Raum*, Frankfurt 2008.

Goldstein, Melvyn C., Ben Jiao und Tanzen Lundrup, *On the Cultural Revolution in Tibet. The Nyemo Incident of 1969*, Berkeley 2010.

Han, Dongping, *The Unknown Cultural Revolution. Life and Change in a Chinese Village*, New York 2008.

Heilmann, Sebastian, *Sozialer Protest in der VR China. Die Bewegung vom 5. April 1976 und die Gegen-Kulturrevolution der siebziger Jahre*, Hamburg 1994.

Hu, Jie, «... *nicht der Rede wert?: Der Tod der Lehrerin Bian Zhongyun am Beginn der Kulturrevolution. Berichte*», übersetzt und herausgegeben von Wolfgang und Susanne Schwiedrzik, Neckargemünd 2009.

Jin, Dalu, *Feichang yu zhengchang. Shanghai «Wenge» shiqi de shehui shenghuo*, 2 Bände, Shanghai 2011.

Jin, Qiu, *The Culture of Power. The Lin Biao Incident in the Cultural Revolution*, Stanford 1999.

King, Richard (Hg.), *Art in Turmoil. The Chinese Cultural Revolution 1966–76*, Vancouver 2010.

Kraus, Richard Curt, *The Cultural Revolution. A Very Short Introduction*, Oxford 2012.

Law, Kam-yee (Hg.), *The Chinese Cultural Revolution Reconsidered. Beyond Purge and Holocaust*, Houndmills 2003.

Leese, Daniel, *Mao Cult. Rhetoric and Ritual in China's Cultural Revolution*, Cambridge 2011.

Li, Zhisui mit Anne F. Thurston, *Ich war Maos Leibarzt. Die persönlichen Erinnerungen des Dr. Li Zhisui an den Großen Vorsitzenden*, übersetzt von Annette Burkhardt, Bergisch-Gladbach 1994.

MacFarquhar, Roderick und Michael Schoenhals, *Mao's Last Revolution*, Cambridge 2006.

Meisner, Maurice, *Mao's China and After. A History of the People's Republic*, 3. Auflage, New York 1999.

Mittler, Barbara, *A Continuous Revolution. Making Sense of Cultural Revolution Culture*, Cambridge 2012.

Murck, Alfreda (Hg.), *Maos Mango. Massenkult der Kulturrevolution*, Zürich 2013.

Naughton, Barry, «The Third Front: Defence Industrialization in the Chinese Interior», *The China Quarterly* 115 (1988), 351–386.

Pantsov, Alexander V. und Stephen I. Levine, *Mao. Die Biographie*, Frankfurt 2014.

Perry, Elizabeth und Li Xun, *Proletarian Power. Shanghai in the Cultural Revolution*, Boulder 1996.

Sausmikat, Nora, *Kulturrevolution, Diskurs und Erinnerung. Eine Analyse lebensgeschichtlicher Erzählungen von chinesischen Frauen*, Frankfurt 2002.

Song, Yongyi (Hg.), *Les massacres de la révolution culturelle*, Paris 2008.

Su, Yang, *Collective Killings in Rural China during the Cultural Revolution*, Cambridge 2011.

Teiwes, Frederick und Warren Sun, *The End of the Maoist Era. Chinese Politics during the Twilight of the Cultural Revolution, 1972–1976*, Armonk 2007.

Walder, Andrew, *Fractured Rebellion. The Beijing Red Guard Movement*, Cambridge 2009.

Walder, Andrew, «Rebellion and Repression in China, 1966–1971», *Social Science History* 38, 3–4 (2014), 513–539.

Walder, Andrew, *China under Mao. A Revolution Derailed*, Cambridge 2015.

Wang, Shaoguang, *Failure of Charisma. The Cultural Revolution in Wuhan*, Hongkong 1995.

Wei, Chunjuan Nancy und Daniel Brock (Hg.), *Mr. Science and Chairman Mao's Cultural Revolution: Science and Technology in Modern China*, Lanham 2012.

Westad, Odd Arne, «The Great Transformation. China in the Long 1970s», in Niall Ferguson et al (Hg.), *The Shock of the Global. The 1970s in Perspective*, Cambridge 2010, 65–79.

White, Lynn, *Policies of Chaos. The Organizational Causes of China's Cultural Revolution*, Princeton 1989.

Wu, Yiching, *The Cultural Revolution at the Margins. Chinese Socialism in Crisis*, Cambridge 2014.

Xu, Youyu, *Xingxing sese de zaofan. Hongweibing jingshen suzhi de xingcheng ji yanbian*, Hongkong 1999.

Yan, Jiaqi und Gao Gao, *Turbulent Decade. A History of the Cultural Revolution*, übersetzt und herausgegeben von D. W. Y. Kwok, Honolulu 1996.

Zheng Yi, *Scarlet Memorial. Tales of Cannibalism in Modern China*, herausgegeben und übersetzt von T. P. Sym, New York 1997.

Erinnerungsliteratur

Feng, Jicai, *Ten Years of Madness. Oral Histories of China's Cultural Revolution*, San Francisco 1996.

Gao, Yuan, *Born Red. A Chronicle of the Cultural Revolution*, Stanford 1987.

Ma, Bo, *Blood Red Sunset. A Memoir of the Chinese Cultural Revolution*, übersetzt von Howard Goldblatt, New York 1996.

Liang, Heng und Judith Shapiro, *Son of the Revolution*, New York 1983.

Yang, Jiang, *A Cadre School Life: Six Chapters*, übersetzt von Geremie Barmé, New York 1984.

Yang, Rae, *Spider Eaters. A Memoir*, Berkeley 1997.

Yang, Xiguang, *Captive Spirits. Prisoners of the Cultural Revolution*, New York 1997.

Online-Ressourcen

www.chineseposters.net (Auswahl von zeitgenössischen Propagandabildern)

http://www.massviolence.org/Chronology-of-Mass-Killings-during-the-Chinese-Cultural (Erläuterungen zu den bekanntesten Massakern der Kulturrevolution)

www.morningsun.org (Film und Website zur Kulturrevolution)

www.maoistlegacy.uni-freiburg.de (Website zum Umgang mit dem Erbe der Kulturrevolution)

Personen- und Ortsregister

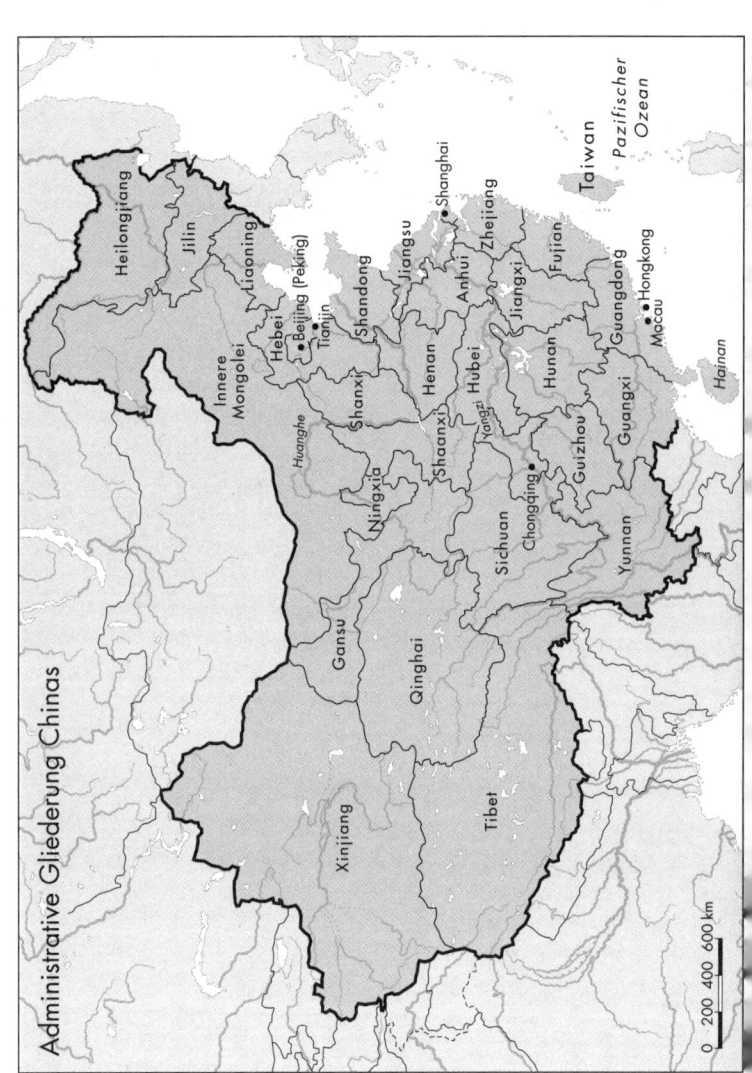

Administrative Gliederung Chinas

0 200 400 600 km